365일 전도 체질 부광교회

전도 집중력 100배 높이기

365일 전도축제 부광교회

교회성장연구소 편집부 엮음

교회성장연구소

목차

Intro 왜 전도 체질 부광교회인가? ··· 6

Part 1 • 전도 야전 사령관

01장 전도 체질로 바꿔라 ··· 14
전도 체질 교회! 단계별로 시작하라 · 김상현

02장 기초부터 조사하라 ··· 32
사회 과학적 지역 분석 및 세대 분석 · 김상현

03장 아파트를 공략하라 ··· 52
아파트 전도의 방법과 노하우 · 김상현

04장 영적 고객을 감동시켜라 ··· 64
새 가족 정착 · 김상현

Part 2 • 평신도 전도대

05장 지역 전도대와 특성별 전도대 ··· 82
손지민

06장 부광교회 전도 축제 ··· 98
손지민

07장 부광교회 전도 훈련 과정 ··· 118
손지민

08장 부광교회 365일 전도 체험기 ··· 136
편집부

Part 3 • 전도 후방 지원 물품

09장 전도 본부 365일 운영법 ··· 152
김상현

10장 부광교회 전단지 샘플 ··· 168
편집부

Part 4 • 핵심 인물 인터뷰

11장 Power 인터뷰! · I ··· 174
김상현 담임 목사에게 듣는다 · 편집부

12장 Power 인터뷰! · II ··· 188
손지민 전도 담당 부목사에게 듣는다 · 편집부

Bonus • 서평

Power! 전도 중심 교회 ··· 208
장성배

Outro 2009년 교회 성장형 목회 플랜
김상현 ··· 218

Intro

왜 전도 체질 부광교회인가?

부광교회의 전도의 장점이 서서히 한국 교회에 알려지고 있다. '전도 체질로의 변화'라는 말이 부광교회의 전도를 잘 요약해 준다. 완전히 전도에 집중하는 교회로 만들기 위해서는 어떻게 해야 하는가? 모든 목회자의 고민이기도 한 이 문제에 대해 부광교회는 다년간의 경험에서 우러나오는 실질적인 대답을 제시하고 있다. 우리 모두 부광교회의 사역에 주목해 보자.

한 소년의 사명

1973년, C.C.C. 훈련을 통해 이 땅에 '그리스도의 푸른 계절'을 실현하기 위한 사명을 발견하게 된 중학교 3학년의 한 소년이 있었다. 이 소년은 한 영혼 한 영혼에게 복음을 전함으로써 이 땅에 그리스도의 푸른 계절이 속히 오기를 바라는 순수한 마음으로 신학교에 진학하게 된다. 그는 신학교 재학 중에 한 교수님으로부터 들었던 '차가운 머리, 뜨거운 가슴, 튼튼한 팔다리'라는 구절을 마음에 품어 부분에 치우치지 않고 전체적으로 고르게 발달한 신앙을 갖기 위해 노력한다. 소년은 현재 인천에서 구원 받지 못한 수많은 영혼을 바라보며 주변의 모든 교회와 함께 전도의 사명을 위해 최선을 다하는 목사가 되었는데, 그가 바로 부광감리교회(이하 부광교회)의 김상현 담임 목사다.

모든 성도를 전도 체질로 만들어라

부광교회의 앞마당에 들어서면 '5321'이라는 대형 현수막이 붙어 있는 것을 볼 수 있다. 이는 장로는 5명, 권사는 3명, 집사는 2명, 성도는 1명 이상에게 전도하라는 의미로서, 교회는 혼자 오는 곳이 아니라 누군가를 데려오는 곳이라는 의식을 심어 주기 위한 것이라고 한다. 이처럼 부광교회는 전도를 최우선으로 삼고 있다. 전도만큼은 어느 교회보다도 먼저 선두에 나설 것이라고 김 목사는 말한다.

김 목사는 지금도 매일같이 '부광교회를 통해 인천과 부천에 그리스도의 푸른 계절이 오게 하소서.'라는 비전을 선포하여 그들의 가슴에 영혼에 대한 사랑과 지역 복음화의 소원이 생겨나게 하고 그것이 그들의 비전이 되게 하고 있다. 이렇듯 부광교회는 담임 목사의 비전에 따라 하루도 빠짐없이 전도하는 교회다. 이른바 모든 성도들이 365일 전도할 수 있는 전도 체질의 교회인 것이다.

전도 체질 교회의 특성 : 먼저 나가는 전도

전도 체질 교회의 특성은 모든 성도를 전도자가 되도록 만드는 데 있다. '전도는 은사가 아니라 사명이며, 누구나 할 수 있다.'라는 생각을 성도들에게 심어 주는 것이다. 즉, 전도는 모든 성도들의 사명임을 인식시키고, 성도 한 사람 한 사람에게 전도의 책임이 있다는 것을 알게 해야 한다.

김 목사가 익산에서 목회를 하고 있을 때의 일이다. 저녁 8시쯤에 청장년들과 길거리로 나가서 전도를 하고 있었다. 어떤 남자에게 전도지를 내밀며 "예수 믿으세요."라고 하자 그는 "내가 G교회 목사요."라고 대답했다. 그래서 김 목사가 정중하게 "참 좋은 교회의 목사님이시네요. 소문 많이 들었습니다."라고 하자 "직분이 뭔가요?"라며 계속해서 물었다.

"집사인가요, 권사인가요?"

이에 김 목사가 "목사입니다."라고 하자 "어느 파트인가요? 선교 파트인가요, 교육 파트인가요?"라고 되물었고, 김 목사는 "담임 파트입니다."라고 대답했다. 이 이야기에서도 잘 알 수 있듯이 전도를 가르치는 교회가 되려면 무엇보다도 목회자부터 먼저 나가서 전도해야 한다고 김 목사는 강조한다.

"올해는 최소한 다섯 번은 길거리로 나가 전도하려고 합니다. 내가 다섯 번 나가면 부목회자들은 열 번 나가고, 집사들은 20번 나가고, 권사들은 30번 나가고, 장로들은 40번 나가지 않겠습니까?"

개요

전도 중심 목회 철학을 가지고 있는 김 목사는 부임한 2004년부터 부광교회를 모든 성도들이 365일 전도할 수 있는 전도 체질로 바꾸기 위해 많은 도전을 시도한다.

먼저 성도들을 전도 체질로 만들기 위한 단계를 1단계부터 7단계까지 정해서 단계별로 훈련에 들어갔다. 또한 사역에 과학적 분석 방법을 도입했는데, 이른바 사회 과학적 지역 분석과 교회 분석, 목회자 분석 그리고 세대 분석을 통한 부광교회의 차별화를 시도했다. 아파트 전도법과 새 가족 정착에 관한 확실한 기초 작업도

시행하여, 더 체계적이고 통계적으로 정확한 시스템을 마련했다. 이 모든 부분을 Part 1에서 자세하게 다루었다.

Part 2는 평신도들이 직접 뛰는 전도대를 이야기한다. 365일 전도가 이루어지려면 목회자들이 모든 것을 다 할 수는 없기에 평신도들이 직접 움직여야 한다. 그렇다면 어떻게 할 때 평신도들이 스스로 움직일 수 있을까? 또한 과연 어떤 프로그램들이 있기에 스스로 움직일 수 있는 것일까? 전도대 이야기, 부광 전도 축제, 평신도 전도 훈련 과정과 1일 체험기까지 Part 2는 평신도의 입장에서 느낄 수 있는 부광교회의 전도 체질에 관해 다루었다.

또한 전도를 하기 위해서 필요한 것은 무엇일까? 교회 차원에서 무엇을 지원해 주는 것이 전도에 가장 도움이 될까? Part 3은 제목 자체가 '전도 후방 지원 물품'으로 교회가 지원할 수 있는 요소들을 소개한다. 전도 본부로서 성도들을 세워 주는 방법, 전도 마트에서 줄 수 있는 선물 목록들을 통해 목회자들이 실질적인 도움을 얻도록 구성했다.

왜 부광교회인가?

김 목사에게 다음과 같은 질문을 던졌다.
"그동안 쌓은 부광교회의 노하우(know-how)를 전부 공개하게 될 텐데, 교회에 타격은 없을까요?"

"모든 교회에는 그 교회만의 상황이 있습니다. 우리가 모든 노하우를 나누어 준다 할지라도, 그것들이 다른 교회에서 그대로 적용될 수는 없습니다. 그러므로 각자 자신의 교회에 맞게 전도 방법을 전환해야 합니다. 그러므로 우리 교회의 노하우를 다 공개한다 해도 그것을 목회자들이 얼마나 자신과 교회의 상황에 맞게 적용하느냐에 따라 결과는 달라질 수 있습니다. 부디 부광교회의 노하우를 자신의 교회에 맞게 적용하시기 바랍니다. 그리고 퍼 주면 퍼 줄수록 우리에게는 새로운 노하우가 생겨날 것이므로 걱정하지 않습니다."

독자 여러분의 교회도 전도 체질이 몸에 배길 원하는가? 부광교회는 전도에서만큼은 한국에서, 그리고 세계에서 최고가 되길 꿈꾸며, 그 꿈을 위해 날마다 노력하는 교회다. 부광교회를 통해서 여러분의 교회에도 전도 체질의 열풍이 일어나 교회 성장을 경험하게 되길 바란다.

우리 교회에 적용하기

1. 목사가 먼저 전도한다. 목사가 모범을 보일 때 평신도가 전도하게 된다.

2. 교회는 혼자 오는 곳이 아니라는 생각을 성도들에게 심어 준다. 교회는 누군가와 같이 오는 곳이다.

3. 타 교회의 장점을 수용하고 배우되 우리 교회에 맞는 전도법을 독자적으로 개발할 필요가 있다. 무작정 따라하는 것은 금물!

Part 1
전도 야전 사령관

1장

전도 체질로 바꿔라

김상현 | 부광교회 담임 목사

급히 먹는 밥이 체하고, 우물에서 숭늉을 찾을 수 없듯이 전도 체질 교회도 짧은 시간에 이루어지는 것이 아니다. 전도 체질 교회로의 변화는 단계별로 차근차근 이루어 나가야 한다. 필자의 경험으로 보았을 때 최소한 2, 3년은 전도 체질 교회로의 전환을 위한 단계별 전략이 필요하다. 여기서는 부광교회가 어떻게 전도 체질로 변화되어 갔는지 그 과정을 다루도록 하겠다.

전도 체질 교회!
단계별로 시작하라

1단계 ★ 목회자의 핵심 가치 점검

　교회를 전도 체질로 전환하는 데에는 담임 목사의 목회 비전 가운데 최고의 핵심 가치가 중요하게 작용한다. 그러므로 목회자는 비전을 점검해야 한다. 그 비전이 목회 방향에 큰 영향을 끼치기 때문이다. 필자의 비전은 개인 전도를 통해 인천과 부천에 그리스도의 푸른 계절이 오게 하는 것이다. 이에 따라 부교역자와 부광 가족은 모두가 이 비전을 가지고 기도하며 행동한다. 이처럼 담임 목회자가 어떠한 비전을 핵심 가치로 교회에 선포하느냐는 매우 중요하다. 담임 목회자가 제자 훈련에 핵심 가치를 두면 성도들도 그에 순응하여 교회가 제자 훈련을 향해 나아가게 된다. 담임 목회자가 부흥 집회를 핵심 가치로 삼으면 교회는 부흥회 분위기로 나아가게 되어 있다. 그러므로 목회자는 반드시 핵심 가치를 점검해야 한다.

2단계 ★ 전도 중심 교회(전도 체질)로 만드는 전략 수립

전도는 영적 전쟁이다. 전투의 현장에 투입되는 것이다. 잘 알다시피 전투에서 승리하려면 훈련된 군사와 고도의 전략, 적합한 전술이 필요하다. 영적 전쟁에서 목회자는 전도의 야전 사령관이 되어 지휘관의 역할을 잘 감당해야 한다. 여기서 지휘관인 목회자가 한 가지 주의해야 할 점이 있는데, 바로 군사의 전략과 전술은 지

역에 따라 달라져야 한다는 것이다. 그리고 그것보다 더욱 중요한 것은 목회자의 전략 수립이다. 이에 대한 방법으로 크게 두 가지를 들 수 있다.

첫째, 교인들이 전도를 체질화하도록 만든다. 이를 위해 목회자는 교인들이 전도 현장으로 나갈 수 있도록 전도를 동력화하는 것이 중요하다. 전 교인을 전도자로 만들려면 목회자가 먼저 전도는 어려운 것이 아니라는 생각을 가져야 한다. 이것은 아주 간단한다. 목회자가 직접 나서서 전도하면 극복할 수 있다. 어려운 일을 성도들에게만 하라고 시키면 아무것도 안 된다. 목회자는 솔선수범하는 전도의 야전 사령관이 되어야 한다.

둘째, 목회자가 평신도와 함께 전도 현장에 나가는 것도 중요하지만 교인들에게 전도가 쉽다는 것을 인식시키는 것 또한 중요하다. 이것 역시 전도가 어렵다는 생각에서 벗어나 전도가 생활이 될 수 있도록 체질화하는 것이다. 목회자는 교인들이 전도 현장에 나가는 것이 쉬워지도록 돕는 역할을 해야 한다. 2004년 부광교회에 부임해 보니 그해 4월 11일 부활절 이전까지는 대부분의 교인들이 전도 자체를 어렵다고 생각했다. 이런 이유로 전도를 어렵게 생각하는 고정 관념과 두려움을 없애고자 전 교인을 대상으로 부활절 계란 전도를 계획하게 되었다.

3단계 ★ 전도 동기 불어넣기 – 부활절 계란 전도

부광교회의 교인들은 전도에 대해 두려움을 가지고 있었다. 따라서 전도를 체질화하는 전도 훈련을 계획해야 했다. 그 훈련 방법으로 전도 자체를 어렵다고 생각하는 교인들에게 목장(속회)별로 200개의 부활 계란을 만들게 했다. 이렇게 교회 학교를 포함한 전 교우가 참여하여 부활 계란 4만 개를 준비했다. 그리고 교인들이 주일 4부 예배 후에 계란을 가지고 교회 밖으로 나가게 했다.

그때 당시만 해도 전도는 어렵다는 선입견과 두려움으로 인해 교회 밖으로 나가서 복음을 전하는 것을 꺼리는 성도들이 대부분이었지만, 계란 전도를 통해 그들에게 자신감과 동기를 불어넣게 되었다. 계란 전도는 전도가 어렵지 않다는 사실을 인식시키는 훈련 단계였다. 이는 교회 밖으로 나가는 초기 훈련이었다. 부활절 계란 전도의 목적은 전 교인에게 전도를 할 수 있다는 자신감을 심어 주는 것이었다. 교회 밖에서 전도하는 것에 익숙하지 않았던 교인들은 그 행사 이후 전도가 어렵다는 생각에서 벗어나 '나도 할 수 있다.'라는 자신감을 가지게 되었다.

2004년 가을, 추수 감사 주일에는 비슷한 방법으로 귤 5만 개를 준비하여 귤 전도 축제를 열었다. 2005년과 2006년에도 부활절 전도를 위해 8만 개의 계란을 준비했고, 추수 감사 주일에는 7만 개의 귤을 준비하여 전도 축제에 나섰다. 그 결과 평소 전도에 참석하지 않던 소수의 교인들까지 동력화했고, 귤과 계란 등 전도 물품을 제공하는 많은 헌신자들이 생기게 되었다.

한편 부활절 계란 전도가 교회의 전체적인 전도 행사가 되기 위해서는 홍보 작업이 매우 중요했기에 교인들이 전도 현장으로 나가기 전에 충분한 홍보를 해야 했다. 가장 좋은 반응을 얻은 방법은 동영상 홍보였다. 이때 보여 준 동영상은 교인들이 전도 현장에 나가기 전에 전도하는 장면이었다. 여기서 영상 속에 반드시 삽입해야 할 것이 전도가 쉽다는 인상인데, 전도 현장에 나갔던 교인들

의 간증을 담는 것이 가장 효과적이었다. 또한 부활절 거리 전도가 끝난 후에도 전도 현장을 영상에 담아 예배 시간에 보여 주면 전 교인이 전도에 대한 일체감을 갖게 되는 효과도 볼 수 있다. 이렇게 봄의 부활절 계란 전도와 가을의 추수 감사절 귤 전도를 통해 전도에 대한 두려움을 없애는 첫 번째 훈련을 거친 후, 두 번째 훈련으로 전도대를 통한 전도 체질화를 시작했다.

4단계 ★ 전도에 대한 체질로 전환하는 봄 전도 축제

전도 축제는 70일 동안 영혼을 귀하게 여기는 마음으로 복음을 전하며 전 교인이 전도의 사명을 감당하는 전도 체질 교회로 전환하기 위한 두 번째 훈련이다. 2004년 부임 후 부광교회를 전도 체질로 만들기 위해 그해 봄에 처음으로 전도 축제를 열었다.

부광교회의 봄가을 전도 축제는 단순히 일회성의 행사가 아니라 교인들을 전도 체질화하는 훈련이라는 것이 중요한 전략이었다. 이런 이유로 유명 강사를 초청하여 집회나 세미나를 갖기보다는 현장 전도 훈련을 중심으로 축제를 진행해 왔다. 전도 축제의 다른 행사(간증 집회나 세미나)가 일시적으로는 교인들에게 도전을 줄 수 있으나, 장기적으로 볼 때 전도 체질로 변화하는 데에는 큰 도움이 되지 않는다고 생각했기 때문이다. 그러므로 필자는 전도 축제가 교인들의 전도 체질화를 이루는 훈련 기간이 되어야 한다고 믿었다.

봄 전도 축제의 전도 훈련 방법은, 이미 조직되어 있는 지역 목장(구역 및 속회)을 전도 팀으로 조직하여 축제 기간에 열 번 정도 현장으로 나가면서 자연스럽게 전도에 대한 습관을 가지게 하는 것이었다. 이러한 현장 전도를 통해 2005년부터는 전도가 체질화되면서 전도지만 가지고 현장에 나가게 되었고, 2006년에는 전도지 없이 일대일로 메시지를 가지고 전도하게 되었다. 그리고 2004년 봄 전도 축제부터 목장(속회) 중심으로 지역 전도대를 구성하여 전교인이 참여했다. 2006년 봄에는 '725'(한 목장에서 7월 2일까지 5명 전도) 전도 축제를 펼쳤는데 3주 만에 다섯 명 이상 전도한 목장이 세 곳이나 나오더니 축제가 끝날 무렵에는 30개의 목장이 목표를

달성하는 놀라운 결실을 맺게 되었다. 그래서 부광 교인들 사이에는 '길거리에 나가면 교인이 생긴다.'라는 말이 생기기 시작했다.

5단계 ★ 매일 전도로 전도를 체질화하라 – 부광 전도대

전도를 체질화하기 위해서는 하루도 쉬면 안 된다. 그렇다면 어떻게 하루도 쉬지 않고 전도를 이어 갈 수 있을까? 그 해답은 지역 전도와 차별을 두어 다양한 방법의 전도대를 만들어 교인들이 전도 체질화를 계속 이어 나가게 하는 것이다.

부광 전도대는 전도 축제가 끝나도 하루도 쉬지 않고 전도에 나선다. 봄가을 전도 축제가 끝나고 여름과 겨울이 오면 전도가 소강상태에 빠지기 쉽다. 이 시기는 교인들의 전도 체질화에 걸림돌이 된다.

필자는 이스라엘에 성지 순례를 갔을 때 잠시 차에서 내려 길을 걸은 적이 있다. 너무 더워서 5분 이상을 걸을 수가 없었다. 그때 깨달은 것이 바로 '바울은 이렇게 힘든 환경 속에서도 하루도 쉬지 않고 전도를 했구나!'라는 것이었다.

이 사실은 필자에게 큰 도전이 되었다. 그때부터 부산에서 목회를 하면서 여름이나 겨울에도 쉬지 않고 전도를 했다. 부광 교인들은 비가 오나 눈이 오나, 일하는 날이나 공휴일이나 하루도 빠짐없이 전도에 나선다. 영혼 구원 사역은 하루도 쉴 수 없기 때문이다. 전도대 대장의 지휘 아래 각 전도의 특성에 따라 거리, 시장, 병원 등으로 전도를 나간다. 이러한 365일 전도가 자연스럽게 습관이 되어 결국 전도가 체질화되는 것이다. 그리하여 2004년에 21개였던 부광 전도대가 2009년에는 104개로 늘어났으며, 오늘도 어김없이 그들은 부평 지역에서 전도에 힘을 쏟고 있다.

6단계 ★ 평신도를 능동적인 전도자로-가을 전도 축제

부광교회에서 실시한 2004년 봄 전도 축제는 목회자들이 중심이 되어 전도에 앞장섰다면, 가을 전도 축제는 평신도를 능동적인 전도 리더로 세우기 위해 대목자(구역장)가 리더가 되어 운영한 것이 특징이었다.

가을 전도 축제에서 지역 전도대는 정해진 날짜에 모여 대목자가 지역을 인원에 따라 나누고, 30분 정도 기도회를 인도하며, 거리와 아파트로 나가게 했다. 평신도를 전도의 리더로 세운 결과 먼저 사역의 분산이 이루어졌다. 전도 체질 교회로 전환하기 전에는 목회자가 전도, 심방, 양육 등 모든 부분에 중심적 역할로 참여해야만 했다. 이때 목회자가 참여하지 않으면 특히 전도 사역이 잘 진행되지 않았다. 그러나 가을 전도 축제에서 평신도를 전도 사역의 리더로 세운 이후 목회자는 교인 돌봄, 새 신자 정착, 심방을 중심으로 사역을 진행하게 되었다. 한마디로 평신도는 전도하여 불신자나 태신자들을 등록시키고, 목회자는 새 가족 정착과 낙심자 돌봄에 총력을 다하게 된 것이다.

　이에 평신도는 2005년에 5321 운동에 나서면서 동시에 365일 전도 운동을 펼쳤고, 2006년에는 평신도를 중심으로 가을 전도를 준비하기에 이르렀다. 현재 지역 전도대는 평신도 리더들에 의해 대원들이 소집되고, 기도회가 진행되며, 전도 현장으로 인도되고 있다. 즉, 모든 것이 평신도 사역자가 중심이 되어 움직이게 되었다. 2004년 부임 당시만 해도 목회자들의 권면에 따라 수동적으로 전도에 참여했던 평신도들이 이제 능동적인 전도자로 바뀌었다. 평신도를 능동적인 전도 리더로 세우면서 자연스럽게 전도의 질적인 상승이 이루어진 것이다. 이렇게 목회자의 사역과 평신도의 사역이 적절하게 분산될 때 교회가 건강하게 성장할 수 있다.

7단계 ★ 전도 본부 설립

군대에는 작전을 계획하고 수립하는 본부가 있다. 마찬가지로 영적 전쟁을 치르는 전도대에도 전도 본부가 있어야 한다. 부광교회는 영적 전쟁을 감당하고 있는 전도대를 위해 평신도 사역자들을 중심으로 365일 전도 본부를 운영하고 있다. 전도 본부는 첫째로 전도 계획의 수립과 점검, 둘째로 원활한 전도를 위한 물품 구입과 준비, 셋째로 태신자를 위한 전도 마트 운영을 담당하고 있다(자세한 내용은 Part 3에서 다룬다).

결론 및 제언

전 교인이 전도 체질로 바뀌려면 전도 중심형 교회가 되어야 한다. 전도 체질 교회로의 전환에 대한 결론은 다음과 같다.

첫째, 전도 중심 교회는 매일 전도함으로써 전 교인이 전도가 체질화되는 교회다. 즉, 모든 교인이 전도하는 교회며, 매일 전도하는 교회다. 365일 전도에 의해 교인들이 전도 체질로 완전히 바뀌게 하는 것이다. 그러기 위해서는 전도를 습관으로 만들어야 한다. 사람은 누구나 습관을 들이면 그 행동이 '곧바로 자연스럽게' 나온다. 이렇게 전도 중심 교회로 전환하기 위해 2004년부터 1단계에서 7단계까지의 훈련이 계속 반복되고 있다. 교회가 전도 체질로 변하기 위한 가장 효과적인 전략은 끊임없는 반복 훈련이기 때문이다. 단지 해마다 또는 계절별로 전도 전략의 형태가 조금씩 바뀔 뿐이다. 오늘도 부광교회는 지역 전도대와 부광 전도대가 전도 본부의 지휘에 따라, 각 전도의 특성에 따라 시장과 병원 등을 찾아 전도에 나서고 있다.

둘째, 전도 체질로의 변화 시 호전 현상을 예상하고 이에 대비해야 한다. 우리 몸은 보약이나 건강식품을 먹고 체질이 변화할 때 여러 가지 호전 반응이 나타난다. 교회도 마찬가지로 전통적 교회에서 전도 중심 교회로 바뀔 때 성도들의 호전 반응이 나타날 수 있다. 교회는 이렇듯 교회의 체질 변화 시 나타날 수 있는 긍정 반응과 부정 반응을 지혜롭게 수용해야 한다.

호전 현상의 극복 방안으로는 먼저 목회자의 핵심 가치가 영혼 구원임을 성도들에게 인식시키며 말씀을 통해 사명을 고취시켜 깨닫게 해야 한다. 필자는 설교 시 주제가 무엇이든 간에 항상 영혼 구원에 대한 내용을 담는다. 특히 목회자가 유념해야 할 것은, 전도는 사명이며 체질화해야 한다는 사실이 전달되지 않고 단지 행사나 프로그램으로 인식될 경우 전도 사역은 실패할 수밖에 없다는 점이다.

셋째, 전도대를 위한 격려와 위로 프로그램이 있어야 한다. 부광교회는 전도 현장에 나가는 전도대원에게 교회 학교에서 전도 달란트를 주어서 1년에 두 번(7월, 12월) 전도 달란트 잔치를 한다. 이것을 통해 성도들이 기쁨과 보람을 느끼게 하고 있다.

넷째, 전도 체질로 바뀌는 단계에서 호전 반응이 생긴다 해도 결코 전도를 중단해서는 안 된다. 성도들의 여러 가지 호전 반응이 있을지라도 이를 슬기롭게 극복해야 한다. 부득이하게 횟수나 강도를 줄이게 되더라도 전도하는 일을 중단하지 않고 계속 진행할 때 전도 체질의 교회로 바뀔 수 있다.

다섯째, 전도는 결과를 생각하지 말고 나가야 한다. 많은 사람들이 필자에게 전도 방법을 가르쳐 달라고 한다. 그때마다 전도에는 특별한 방법이 없다고 말한다. 사실이 그렇다. 전도는 한마디로 말하면 습관이다. 전도에 습관이 생기면 자연스럽게 전도를 하게 되고 열매를 맺게 된다. 부평 지역에 오면 부광교회 전도대가 역전에서, 시장에서, 거리에서 전도하는 모습을 365일 볼 수 있다. 부광교회의 전도 체질화 비법이 여기에 있다. 이렇게 매일 전도를 함으로써 죽어 가는 영혼에게 복음을 전하는 사명을 다하고, 동시에 자신도 모르게 전도 습관이 길러지는 일거양득의 효과를 볼 수 있다. 결과를 생각하면 전도를 위해 교회 밖으로 나가는 일은 절대 못한다. 결과는 하나님께 맡겨야 한다. 거두게 하시는 분은 하나님이시다. 교회 밖으로 나가면 기다리는 사람이 반드시 있다. 우리는 나가서 뿌려야 한다.

우리 교회에 적용하기

1 목회자가 먼저 전도한다. 그렇게 해야 전도할 때 어려운 점과 알아야 할 점들을 파악할 수 있다.

2 성도들에게 전도는 어려운 것이 아님을 인식시키기 위해 노력한다. 실제 전도에 나갔던 성도들의 승리 간증이 담긴 동영상을 제작하여 홍보용으로 사용하면 효과적일 것이다.

3 전도 축제가 유명 강사의 강의를 듣는 일회성 행사로 끝나게 하지 않는다. 교인들이 전도의 체질로 변화할 수 있도록 실제로 전도를 연습할 수 있는 시간이 되어야 한다.

4 평신도들이 전도할 수 있도록 기존에 있는 구역이나 속회 조직을 이용한다. 구역이나 속회는 결속력이 좋기 때문에 함께 전도할 때 시너지 효과가 발생한다.

5 평신도들을 과감히 리더로 세운다. 목회자의 짐을 덜 뿐 아니라, 평신도 자신의 신앙 성숙과 교회의 전체적인 전도 분위기 확산에 결정적인 요소가 된다.

2장

기초부터 조사하라

김상현 | 부광교회 담임 목사

오직 한 분이신 그리스도는 다양한 인류를 위해 십자가를 지셨다. 그리스도의 보혈의 복음은 동일하지만 많은 사람들에게는 다양한 형태로 접근할 수 있어야 한다. 그러므로 차별화된 교회가 있어야 하며, 차별화된 교회들이 한 지역에 사는 모든 영혼을 연합하여 책임지게 된다. 필자는 교회의 차별화를 위해 사회 과학적 교회 성장 방안이라는 조금 색다른 방법을 경험에 비추어 제안하고자 한다. 사회 과학적인 교회 성장 방안이란 경영학적 마인드를 교회에 도입하는 것으로, 감이나 의지로 목회를 하는 것이 아니라 철저한 분석과 합리적 판단을 기초로 하여 교회의 방향을 설정하고 가장 효과적인 방법을 선택하는 것이다. 그렇다면 어떠한 것을 분석하여 종합적인 판단을 내릴 것인가?

사회 과학적 지역 분석 및 세대 분석

사회 과학적 방법론으로 지역을 세밀하게 조사하라

 분석 없는 시도의 위험성은 일반 시장 경제나 창업에만 적용되는 것은 아니다. 실제 목회 현장에서도 충분한 조사와 준비 없이 목회가 진행되는 경우를 볼 수 있다. 사업을 열정이나 흥분된 사기나 감으로 할 수 없는 것처럼 목회도 느낌이나 의욕만으로는 잘할 수 없다. 개척과 전도도 단순한 열정만으로 하는 것이 아니라 효율적이며 전략적으로 접근해야 한다. 교회도 사회의 한 구성 조직체로서 그 속에 존재하며 사회의 흐름과 함께 움직인다. 그러므로 교회가 믿지 않는 불신자를 대상으로 사역을 하며 운영되는 조직체라면 세상의 학문과 지혜도 활용해야 한다.

목회론이 더 이상 인문 과학으로서 접근하는 데 한계가 있음을 스스로 인식하고 사회 과학의 도움을 구하는 것이 사람에게 지혜를 주신 하나님 앞에 겸손히 서는 자세일 것이다. 목회가 진리의 원천이 되는 말씀으로 출발하는 신앙적인 맥락만이 아니라, 말씀이 선포되어야 할 교회로 존재하는 목회적 장으로서의 사회적인 맥락이 함께 이해되어야 한다. 텍스트(text)만 취할 것이 아니라 콘텍스트(context)를 이해해야 하는 것이다.

지역을 세밀하게 조사하고 계획을 세워라

부광교회는 지역 사회에서 어떤 교회로 인식되어야 하는가? 이것이 필자의 고민이었다. 먼저 교회에서 가장 가깝고 조사하기 쉬운 D아파트를 본보기로 삼았다. D아파트에서 조사하기로 계획한 가구 수를 기록하여 지도 위에서 블록마다 위치해 있는 가구의 숫자를 파악했다. 특히 가장 관심을 가지고 조사한 부분은 구역별로 연령층이 어떻게 구성되어 있는지와 불신자의 가구 수가 얼마인지였다.

조사 결과, 1단지는 30대에서 70대까지 다양하게 분포되어 있었으며, 2단지는 그와 달리 40~60대가 주류를 이루고 있었다. 그리고 불신자의 수가 50%가량 되는 것을 보고 전도 대상자가 많다는 새로운 사실도 알게 되었다. 그 후 D아파트에서는 분석 결과를 바탕으로 전도하게 되어 결과적으로 관계 전도를 하는 데 많은 도움이 되었다.

이렇게 교회가 건강하게 성장하기 위해서는 그 지역의 주민에 대한 분석이 최우선이 되어야 한다. 부임한 지 6개월쯤 지나 D아파트를 벗어나 부광교회 선교 지역을 분석해 보았다. 부평은 인천과 서울의 인접 지역으로 그 경계선에 있어 교통 여건이 좋은 편이다. 그래서 1980년대 중반부터 1990년대 초반까지 인구 이동이 활발하게 일어났다. 이런 이유로 1986년부터 D아파트에 주민들이 입주하면서 부광교회는 급격하게 성장하게 되었다. 그 후 새로운 인구의 유입과 이동이 멈춘 10년 동안은 거의 변동이 없게 된다.

현재 부평 지역은 거주지 이동 외에는 인구 변화에 있어 정체 상태다. 요즘은 삼산동이나 중동 쪽의 새로운 아파트에 입주가 시작되어 오히려 부광교회 교인들마저 이동하고 있는 상황이다. 그러므로 부광교회는 유동성이 없는 지역의 전도 전략을 수립해야 했다.

다음은 인구수다. 부평 지역에는 60만 명이 살고 있다. 그중에 아파트 거주자가 55%며, 기독교인(천주교인 포함)은 25%다.

마지막으로 소득을 분석해 보겠다. 예전에 부광교회의 중심 구성축이었던 부평○동은 개발이 되지 않아 경제 수준이 다소 낮은 편이었다. 반면 아파트 지역은 중상이나 중중 정도로 구성되어 있다. 이렇다 보니 교회 안에서도 아파트 지역과 부평○동 지역에 사는 사람들 사이에 경제적 차이가 나타나게 되었다.

이런 지역 분석을 토대로 하여 다음과 같은 전도 전략을 수립해 나갔다.

첫째, 아파트 전도대를 만들어 그 지역 아파트에 거주하는 교인들을 중심으로 동별 책임자를 뽑아 관계 전도를 강화했다. 그리고 아파트 내에 전도대를 파송하여 차를 나누고 집집마다 방문하면서 전도를 했다.

둘째, 지역 조사를 통해 노인 문제가 심각함을 인식하게 되었고,

특히 부평○동은 소외된 노인들이 많다는 사실을 알게 되었다. 이 조사 결과를 토대로 70명 정도 모이던 부광노인대학의 규모를 확대하여 1년 만에 500명의 노인들이 출석하게 되었다. 그들 중에는 불신자도 많았는데 지금은 노인 대학을 통해 전도되고 있다. 또 행복한 밥상(무료 급식)을 만들어 900~1천여 명에게 식사를 제공함으

인천의 주택 종류 및 거주 현황(2003년 말 기준)

구분	가구 수	주택의 종류			
		단독 주택	아파트	연립 주택	다세대 주택
중구	25,980	11,281	10,231	162	3,189
동구	21,500	8,427	9,254	224	2,513
남구	113,200	30,849	42,018	5,659	24,282
연수구	72,869	7,826	54,056	261	5,881
남동구	108,072	22,911	51,868	873	25,338
부평구	147,000	19,840	77,209	8,076	32,090
계양구	98,560	5,316	58,573	17,393	7,218
서구	98,000	9,399	52,193	11,358	19,168
강화군	19,118	16,856	1,387	312	1,549
옹진군	4,059	4,683	50	64	37
합계	708,358	137,388	356,839	44,382	121,265

로써 지역 사회에서 섬기는 교회로 인식되고 있다. 이렇게 지역 조사를 기초로 하여 사역함으로써 지역과 함께, 주민과 함께 호흡하는 교회로 거듭나고 있다.

자신이 목회하고 있는 교회를 분석하라

지역 분석도 필요하지만 자신이 목회하고 있는 교회의 분석도 중요하다. 첫째, 우리 교회 교인들의 주된 연령층이 어떻게 되며, 주된 활동 연령층은 누구인가? 둘째, 소득 수준이 어느 정도인가? 셋째, 어느 지역에 살며(지역에 따라 특성이 다를 수 있기 때문임) 어떤 문화적 수준을 가지고 있는가? 이 세 가지가 중요한 이유는 부광교회라는 영적인 군대를 통해 하나님의 복음 전도의 역사가 일어나기 때문이다. 우리 교회의 영적인 군사들이 병들어 있다면 영적인 싸움을 할 수 없다.

2004년 부광교회에 부임하여 D아파트를 중심으로 지역 조사를 실시했다. 그해 여름에는 부평 지역을 조사했으며, 겨울에는 부광교회 내부를 살펴보았다. 이는 어떤 특별한 순서의 원칙을 지킨 것이라기보다는 당장 필요한 것부터 조사하다 보니 교회의 가장 가까운 선교 지역인 D아파트를 분석한 뒤 부평 지역으로 넓혀 나가게 된 것이었다. 그다음 부광교회 내부를 살펴보는 순서가 되었다.

내부보다 외부 조사를 먼저 하게 된 이유는 55년의 전통을 가진 교회로서 지역 사회에서 어떻게 인식되고 있는지를 알고 싶었고, 그 후에 교인들의 체질 변화를 꾀하고자 했기 때문이다. 그러므로 순서가 중요한 것이 아니라, 각자의 목회 상황에 맞게 지역의 기초를 조사하여 분석하는 것이 중요하다.

다음 표의 내용은 2004년에 조사한 것으로서 부광교회는 7교구(청년 1교구)로 구성되어 있음을 보여 준다. 한 교회에서 함께 신앙 생활을 하고 있지만 조사 후 각 교구마다 색다른 특성이 있음을 발견하게 되었다.

부광교회의 교구를 분석한 표의 내용을 보면 A 교구와 B 교구는 D아파트를 중심에 두고도 연령별 분포에서 차이가 있음을 알 수

있다. 20~30대와 50대의 연령 분포는 비슷하나 40대와 60~70대에서는 차이가 있다. B 교구에서는 40대가 A 교구보다 18명이 더 많고, 반면에 60대와 70대 노인은 각각 25명과 13명이 적다. 같은

부광교회의 교구별 연령 분포

구분	A 교구	B 교구	C 교구	D 교구	E 교구	F 교구	합계
20대	3명	1명	8명	1명	8명	4명	25명
	1%	0.3%	3%	0.4%	3%	1%	1.4%
30대	42명	46명	70명	38명	81명	54명	331명
	14%	16.5%	24%	15.6%	28%	18%	19.3%
40대	75명	93명	84명	82명	90명	66명	490명
	25%	33%	29%	33.7%	31%	22%	28.9%
50대	61명	60명	59명	60명	59명	94명	393명
	21%	21.5%	20%	24.7%	20%	31%	23%
60대	58명	33명	35명	34명	26명	42명	228명
	20%	12%	12%	13.9%	9%	14%	13.4%
70대	58명	45명	33명	28명	28명	44명	236명
	20%	16%	12%	11.5%	10%	14%	13.9%
인원수	297명	278명	289명	243명	292명	304명	1,703명
합계	101%	100%	100%	100%	101%	100%	100%

아파트 단지 안인데도 불구하고 차이가 있기에 눈여겨볼 필요가 있다. C 교구는 대단위 아파트 지역으로 다른 교구에 비해 30~40대의 중장년층이 골고루 분포되어 있음을 알 수 있다.

교회의 성장 요인과 장애 요인을 분석하라

시대마다 교회를 부흥하게 하는 요인이 다르게 나타난다. 부흥회를 통해 부흥하던 시대가 있는가 하면 성경 공부를 통해 부흥하는 시대가 있고, 선교 강조를 통해 부흥하는 시대가 있다. 전도도 시대나 지역에 따라서 방법과 형태가 달라지는 것을 볼 수 있다. 에이린 브라우넬(Eileen O. Brownell)은 소비자 대상 분석을 강조하면서 모든 고객들은 구매를 하고 서비스를 받는 과정에서 자신의 나이와 상관없이 동등하고 공정하게 대접 받기를 바란다고 했다. 서비스 제공자로서 목회자는 각 연령 그룹의 필요와 가치가 어떻게 다른지 이해함으로써 특화된 목회 서비스를 제공할 수 있게 되는 것이다.

세대마다 특성도 다르다. 베테랑 세대(The Veterans)는 1943년 이전에 출생한 사람들로서 조용한 세대라고도 하며, 고난을 겪은 세대이기도 하다. 요구 없는 충성의 세대, 혹은 한 번 고객은 영원한 고객으로서 한국 교회 초기의 부흥을 위해 헌신한 세대다. 그다음 세대는 베이비 부머(The Boomers)로서 1946년에서 1964년 사이에 출생한 사람들이며, 록 세대라고도 한다. 다음은 X세대(Generation X)로 '베이비 버스터' 또는 '트웬티 썸씽'(20-Somethings)이라고 불리는데 1965년에서 1984년 사이에 태어났다. 그다음은 넥스터(The Nexters), Y세대 또는 인터넷 세대라고 불리는데 이들은 1985년 이후에 태어난 세대다.

필자가 부산과 익산에서 목회를 할 때의 세대는 베이비 부머로서 특히 30~40대가 중심을 이루었다. 그런데 부광교회는 55년이 넘은 교회로 베테랑 세대와 베이비 부머 세대 중에 50대 중후반이 교회의 중심 세력으로 있었다. 베테랑 세대와 베이비 부머 후반 세대가 교회 여론과 사역의 중심에 있었으므로 베이비 부머의 전반 세대, 특히 30~40대는 그 중심에서 다소 떨어져 있었다. 이런 상황이 계속된다면 부광교회는 앞으로 노년층의 교회가 될 것이며, 그 미래 또한 밝아 보이지 않았다.

이런 이유로 부광교회의 사역 조직에 베테랑 세대가 참여할 수 있는 길을 열어 놓았다. 특히 30~40대가 일을 할 수 있도록 권면하고 사역 조직에 배치했다. 신세대를 위해 청년 예배를 주일 예배 중 5부 예배로 독립시켜 80명이 모이던 청년 집회가 현재 300명의 집회로 성장했다. 아동부와 중고등부를 위해 세 개의 교육관을 짓고, 중고등부를 위한 게임방도 운영하고 있으며 아동부를 위한 키즈 랜드(kids land)를 만들어 좋은 반응을 얻고 있다. 이렇게 부광교

회는 베테랑 세대와 X세대 부모들이 찾을 수 있는 교회로 변모해 가고 있다. 이처럼 각 대상의 특성을 잘 파악하여 활성화하는 것을 교회의 성장 요인이라고 할 수 있을 것이다.

반대로 교회 성장의 장애와 질병에도 여러 가지가 있다. 그 대표

적인 예로서 피터 와그너(C. Peter Wagner)가 말하는 교회의 질병을 정리해 보면 다음과 같다. 동질성 응결증, 지역 사회 변천 쇠퇴증, 사회 층별 거부증, 개척자 주권증, 협동 과잉증(개교회 발전보다 연합 운동에 더 관심이 많은 교회), 인간적인 친교의 강화로 소그룹 재생산을 거부하는 친교 과잉증, 시설 협착증, 영적 발전 제한증, 첫 열정을 잃어버린 교회와 같은 에베소 교회형 쇠퇴증, 시설 유지 집착증, 지도력 긴장증 등이 그것이다. 이러한 증상을 미리 진단하고 적절한 처방을 해야만 교회 정체를 예방할 수 있다. 목회자는 무엇보다 자신의 교회의 문제점을 잘 파악해야 한다. 교회에 발생할 수 있는 문제 중에서 자신이 지니고 있는 문제를 냉정하게 판단해야 한다. 특히 기성 교회에서는 교회 성장이 멈춘 시점을 정확하게 파악하여 그 원인부터 찾아내 효과적으로 대처해야 한다.

목회자 자신을 분석하라

지역 분석, 교회 분석, 성장 요인 분석이 끝나면 또 다른 요인을 찾아야 한다. 그것은 지역에 적합하지만 타 교회가 하지 않는 일이어야 하며, 성장 요인으로서 목회자 자신이 추구할 수 있는 방법이어야 한다. 자신이 가진 달란트를 활용하여 잃어버린 영혼을 건지고 지역의 복음화를 이루어야 한다. 실례를 들어 보겠다.

처음 부산의 광안리 지역에서 개척을 할 때 교회의 나아갈 방향으로 '제자 훈련'을 설정했다. 그 지역의 구성원이 주로 젊은이들이었으며 기본적인 학력 수준도 고졸 이상이었고, 주변의 큰 교회를 비롯해 실제적인 제자 훈련 중심의 양육을 실시하는 교회가 없었기 때문이다.

그러나 교회 성도가 250명이 넘자 새로운 장소로 이전하게 되면서 방향의 전환이 필요해졌다. 연립 주택 단지였던 광안리와 달리 아파트 단지였던 해운대에서는 또 다른 방향을 추구해야 했다. 필자의 경우에는 새로 형성되는 아파트 단지로 들어가게 되었기에 일산, 분당, 산본, 안산 등과 같이 이미 형성된 아파트 지역에서 성장하는 교회를 돌며 아파트 단지에 맞는 교회의 형태를 연구했다.

또한 주요 대상층을 베이비 부머 세대로 정하고 타 교회와의 차별화도 시도하면서 해운대 신도시 지역으로 이주했다. 신도시에 적합하며 급성장하는 교회의 차별화된 전략으로 도심 속에서 기도원처럼 뜨거운 기도의 영성이 강조되는 방향으로 전환하게 되었다.

이후 부산에서의 목회를 정리하고 전라도 익산으로 자리를 옮겨 사역을 하면서 또다시 새로운 방향이 필요하게 되었다. 그래서 지역 교회를 조사한 결과 부산에서의 방식을 그대로 도입하면 안 된다는 것을 깨달았다. 부산에서는 지역 교회와 차별화된 사역으로서 제자 훈련에 주력했지만 익산에서는 두 가지 이유로 제자 훈련을 포기해야 했다. 첫째는 바로 옆 교회에서 사랑의 교회 부목사

출신이 제자 훈련을 하고 있었기 때문이며, 둘째는 당시 건강이 사역을 감당하기 힘들었기 때문이다. 제자 훈련으로 소문난 교회 옆에서 똑같이 제자 훈련을 하는 것은 차별화 전략에서 거의 실효가 없는 것이었다. 그 대안으로 찾은 것이 바로 지역 사회에 적합한 자녀를 위한 교회 이미지 전략이었다. 주변에 경제적으로 어려운 사람들이 많았지만 아이들에 대한 관심이 남다른 것을 보고 자녀들의 신앙 교육을 강조하는 교회로 바꾸면서 주일날 800여 명의 어린이가 출석하는 교회가 되었다. 동시에 장년도 3,600여 명이나 출석하게 되었다.

부평 지역에서 가장 인지도가 높은 교회는 J교회다. 부평에서 가장 큰 교회 중 하나로 2만 명이 출석하는 이 J교회는 부광교회의 반경 700미터 안에 있다. 타 지역에서 이사를 올 경우 J교회를 먼저 찾는다. 부광교회가 부평 지역에서 인지도가 가장 높은 교회였다면 전도 전략도 지금과는 달랐을 것이다. 부광교회가 영적인 아군인 J교회, B교회, C교회와 함께 건강하게 성장하려면 그들과 다른 전도 전략이 필요했다. 그래서 모든 교인을 전도 체제로 이끄는 전도 중심 교회로 전환하는 것이 필자의 비전이 되었던 것이다. 또한 300개의 전도 팀을 형성하여 300명의 전도대장들이 세워지기를 기도해 왔다. 지금 부광교회는 전도대가 365일 거리에 나가 전도를 하고 행복한 밥상으로 사랑을 실천함으로써 지역 사회에 꼭 필요한 교회로 인식되고 있다.

교회 이미지 포지셔닝 전략을 세워라

교회가 지역 사회에 정착하기 위해서는 주민의 마음속에 하나의 이미지를 반드시 창조해 내야 한다. 앞서 달리고 있는 다른 교회와 견주어 자신의 포지션을 인식시킬 방안을 강구해야 하는 것이다.

포지셔닝 전략이란 하버드 대학교의 심리학 교수인 밀러(G. A. Miller)가 기초를 세운 이론으로서 일종의 마인드 마케팅이다. 즉, 소비자의 눈높이로 시장을 바라볼 수 있어야 한다는 논리다. 이 이론은 인간의 두뇌가 한 번에 일곱 개 이상의 단어를 취급하지 못한다는 전제에서 출발한다. 소비자는 사다리의 맨 위쪽에 있는 상품만을 구입하게 되며, 사다리의 그 맨 위쪽을 점령할 때 성공한 마케팅이 되는 것이다. 포지셔닝 전략의 관건은 광고를 하려는 상품이 인간의 마음속 사다리의 어디쯤에 있는가에 달려 있다.

부광교회가 상품이라면 소비자인 지역 사회에 어떻게 광고를 해야 할까? 부광교회는 어떤 교회로 지역 사회에 인식되어야 할까? 교회도 분명한 자기 이미지를 갖고 이것을 지역 주민이 공유하게 될 때, 교회를 찾는 사람들 또한 많아진다. 이러한 포지셔닝을 위해 다양하고도 효과적인 전도 전략이 필요하나, 여기서 우리가 반드시 알아야 할 것은 교회는 영적인 조직이므로 사회 과학적인 방법만으로는 완벽해질 수 없다는 점이다.

교회는 하나님께서 친히 세우신 리더를 통해 성장한다. 교회 성장을 추구하는 목회자라면 기본적으로 갖추어야 할 자질이 있다. 그것은 한 영혼을 귀하게 여기는 구령의 열정이며, 소망 가운데 하나님의 때를 기다릴 줄 아는 인내와 반드시 자신을 사용하실 것이라는 믿음이다.

모든 사람이 구원 받고 진리를 아는 데 이르기를 원하시는 하나님의 일꾼으로서 부르심을 받은 목회자들은 뱀처럼 지혜도 갖추어야 하겠지만 반드시 비둘기처럼 순결해야 할 것이다.

우리 교회에 적용하기

1 철저한 조사와 분석을 기초로 하여 교회의 방향을 설정한다. 조사에 실패하면 목회에 실패하는 것과 같다.

2 하나님이 창조하신 사회 과학의 도움을 구하는 겸손한 자세가 필요하다. 사회 과학도 하나님이 만드신 학문이다.

3 교회가 지역 사회에서 어떻게 인식되고 있는지를 알아보려는 치밀한 노력이 요구된다. 지역 사회 안에서 교회의 이미지를 파악하라.

4 세대별 맞춤 전략으로 각 세대의 필요를 채워 주어야 한다. 각 세대는 서로 다른 생각과 요구를 갖고 있기 때문이다.

5 지역에 적합하지만 다른 교회가 하지 않는 일을 찾아서 한다. 교회는 자신만의 이미지를 창조해 내고 그것을 지역 주민과 공유해야 한다.

2장 기초부터 조사하라

3장

아파트를 공략하라

김상현 | 부광교회 담임 목사

당신은 아파트 지역에서 어떻게 전도하고 있는가? 혹시 아파트 전도가 어렵다고 느껴지지는 않는가? 부광교회의 아파트 전도에는 남다른 노하우가 있다. 그 노하우를 배워 아파트 전도의 부흥을 이루어 보자.

아파트 전도의
방법과 노하우

아파트 전도의 유익

현재 한국의 주거 형태는 아파트화되어 가고 있다. 한 지역에 신축 아파트가 들어서고 분양이 시작되면 그 주변의 목회자들은 나름대로 기대를 갖는다. 이렇게 새 아파트에 대한 막연한 기대는 있으나 충분한 분석과 준비된 전략으로 접근하지는 못하고 있는 것이 현실이다. 의욕은 넘치지만 효율적인 시도가 부족하여 쉽게 낙심한다. 전략이 없는 전투는 실패하고, 성공했을지라도 그것은 일시적인 행운에 불과하다.

아파트 전도의 유익은 첫째, 단위 면적당 가구 수가 많아서 효율적이며 전도 대상자를 만날 확률이 높다는 것이다. 둘째, 일반 주택지보다는 유사 집단이 머무는 지역이므로 형편이나 상황에 대한 실수가 줄어든다. 셋째, 접근이 쉽다. 즉, 일반 주택 지역보다 문을 열기가 쉽다. 어렵다고 생각하는 이유는 스스로 미리 문을 닫고 있기 때문이다. 이러한 이유들로 아파트 전도는 효과적으로 부흥의 계기를 마련할 수 있는 좋은 방법이라고 할 수 있다.

부광교회의 아파트 전도를 위한 5단계 전략

1단계 : 구상기(입주 전 준비)

말 그대로 준비 단계로서 먼저 아파트 분양 공고에 따라 분양 계획서를 입수하여 구체적인 준비에 들어간다. 행정 조직적 준비도 필요하다. 교회 조직을 전도 조직으로 재편하여 지역별, 직능별, 기존 조직별 등으로 구성한다. 새로 입주할 아파트의 현황을 파악하여 가시적으로 홍보하고 지역 지도를 만들어 아파트의 평수, 가구 수 그리고 지역 위치, 주변 상황, 주변 교회 등을 분석한다.

그리고 교회 안에서 전도 자원자를 모집하여 장기간 전도에 대한 훈련을 실시하고 전도의 운동에 동참하도록 한다. 공사 현장에 접근 가능한 시기부터는 팀별로 아파트에 들어가 기도회를 갖는다. 영적인 전쟁에 있어서 충분한 준비는 반드시 승리를 얻는다.

2단계 : 잉태기(입주 시 활동)

이 시기에는 입주민에 대한 정보 파악에 힘을 쏟고 교회 홍보에 전력해야 한다. 입주가 끝난 후 자료를 만드는 것과 입주민 파악을 목표로 한다.

총체적인 전도가 가능하도록 충분한 사전 준비를 해야 하는데, 전도지와 필요한 물품들을 준비하고 현수막, 아파트 단지 내 광고

판, 엘리베이터 부착물 등과 같은 홍보물도 준비한다. 교회의 인지도를 높이기 위해 이벤트를 기획하는 것도 효과적이다.

교회 내에서는 모든 교인이 전도 사역에 동참하도록 동기화하고, 중보 기도 팀과 물품 및 전도자 간식 등 식사를 지원할 조직을 편성한다.

3단계 : 출산기(입주 완료 후 지속적 관리)

실질적인 전도는 이 시기부터 시작되어야 하며 잉태기에서 파악한 가능성 있는 사람을 중심으로 집중적으로 공략한다.

아파트 단지별, 동별 책임자를 선정하여 관리 사무소 및 경비 책임자들과 좋은 관계를 유지하고, 입주자 가운데 구령열이 있는 성도와 새 신자 가운데 열정이 있는 성도를 발굴하여 협조를 얻는다. 입주민들에게 이슬비 전도 편지 혹은 자체 개발한 전도 편지, 전도 카드 등을 보내거나 설교문, 설교 테이프를 발송한다. 교회 행사가 있을 때는 가능성 있는 가정을 중심으로 초청하는 것도 효과적이다.

4단계 : 성장기(결신 성도 관리와 대상자 전도)

지속적 관리 대상자를 교회에 등록하게 하는 시기로서 교회가 실질적으로 성장하는 단계가 된다. 이 시기는 입주 후부터 아파트가 철거될 때까지 계속된다.

교인들에게는 새 신자 정착을 위한 훈련을 실시하고, 교회 내에는 새 신자가 정착하기에 좋은 분위기를 조성하여 안정적인 정착에 대한 준비를 해야 한다.

5단계 : 재생산기

아파트는 이동이 많은 지역이므로 지속적인 관리가 필요하다. 상시 전도대의 운영을 통해 순회식 전도가 지속적으로 이루어지도록 한다.

우유 배달원, 신문 배달원, 가스 검침원 등을 이용하여 지역의 이동을 신속 정확하게 파악하거나 지역 담당자가 입주민을 관심

효과적인 아파트 전도를 위한 Tips!

"너는 말씀을 전파하라 때를 얻든지 못 얻든지 항상 힘쓰라 범사에 오래 참음과 가르침으로 경책하며 경계하며 권하라(디모데후서 4:2)."

(1) **통장에 지원하라.** 통장이 왔다는데 문을 안 열어 줄 사람은 없다.
(2) **경비원을 아군으로 만들어라.** 초대하여 식사도 대접하고 노고를 위로하라.
(3) **상가를 놓치지 마라.** 장사를 하는 사람들은 불안한 만큼 기대도 많다.
(4) **노인들을 전도하기 위해 노인정을 찾아라.**
(5) **어린이들을 놓치지 마라.** 새소식반을 운영하거나 어린이 찬양단과 함께 공원에서 전도하라.
(6) **효과적으로 아파트 문 열기 :** 전도 대상자가 있는 아파트에 사는 교인이 있다면 함께 가서 접촉하고, 교회에서 왔다고 하기보다는 ○○동에서 왔다고 하여 접촉점을 먼저 마련한다. 아이들이 학교나 유치원에서 돌아오는 오후 2~4시가 좋으며, 남녀가 동행할 경우 여자 성도가 먼저 벨을 누르고 말한다.
(7) **문이 열렸을 때의 행동 지침 :** 밝고 정중하게 인사하며 자신의 신분을 밝힌다. 집에 들어가게 되면 한 사람은 말하고 다른 사람은 주변의 장애 요인(전화벨, 어린아이 등)을 처리한다. 집주인은 현관문을 등지고 앉게 하며, 몇 가지 질문을 통해 접촉점을 찾고 복음을 증거한다.
(8) **대형 고급 아파트 전략 :** 관계 전도는 그 효과가 가장 크다. 전도 대상을 분석하여 가족 가운데 기독교인이 있는지 등을 알아보고 접촉점을 만든다. 고급 아파트에 사는 사람들에게는 보이지 않는 문제와 세상의 괴로움이 더 많을 수 있다. 사람들의 본질을 파악하면서 그들을 이해하고, 필요를 채워 주어야 한다. 3년이면 바뀐다는 믿음을 가지고 기도하며 접근한다.

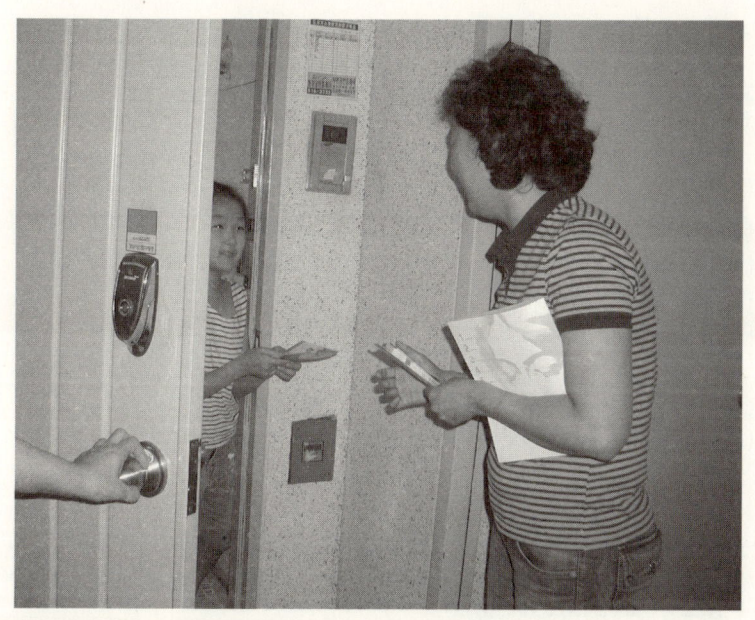

있게 살펴 사무실로 보고한다.

그리고 재생산을 위해 동별 속회를 형성하거나 동별 자체 전도팀을 구성하여 자발적으로 전도를 하도록 한다.

부광교회의 아파트 전도 전략과 그 모습

부광교회는 전도 시 사회 과학적 방법론을 이용하여 전략적으로 접근한다. 사람들의 이동이 많은 아파트는 지속적인 관리가 필요

구역 전도 확인표(인천 동아아파트)

층\호	1	2	3	4	5	6
5			3 / 3 30 / 1	신광		
4			제일	4 / 1 20 / 10.23		
3		4 / 5 30 / 10.27	신광	4 / 1 20 / 10.23	보광	
2		5 / 5 / 10.4	2 / 1 10.	목양	제일	
1			1 / 1 30 / 10.20		새소망	

기입요령 : □ 안에 / 입주, \ 방문, ∨ 종교, ∧ 방문일, 〉수용도, 〈 연령
종   교 : 1 기독교 , 2 가족 중 기독교, 3 천주교, 4 불교, 5 무교, 6 기타
수 용 도 : 1 매우 적극, 2 적극, 3 미온, 4 부정, 5 매우 부정

집중 전도 카드

이름	연령	주소	세부 사항	담당자	거주 담당자
소영 엄마	30중	주공 806-102	어릴 때 금마에서 교회 출석	최경숙 권사 이예숙 집사	장희숙 집사
재민 엄마	20후	주공 806-103	시골 교회 출석		
주영 엄마	40초	306	무교/반응 좋음		
이순인	30중	505	무교/반응 좋음		
윤하 엄마		403	형님이 장로		
경준 엄마					

하므로 상시 전도대의 운영을 통한 순회식 전도가 지속적으로 이루어지고 있다. 특히 아파트 동별 담당자를 정하여 이들이 항상 이삿짐의 동태를 관심 있게 살펴보고 신속하게 전도 본부로 보고한다. 이때 다섯 개의 아파트 전도대가 찾아가 이사를 오는 사람과 접촉한다.

또한 아파트별로 전도 팀을 구성하여 자발적으로 전도를 하고 있다. 부광교회는 아파트만 담당해서 전도하는 전도대가 여덟 개로 구성되어 있다.

아파트 전도대는 매주 정해진 담당 구역에서 전도하면서 예비된 영혼들을 만나 예수 그리스도에 대한 복음을 전하고 있다. 왼쪽의 구역 전도 확인표와 집중 전도 카드를 가지고 전도 대상자를 구별하여 효율적으로 접근한다.

전도를 위한 헌신 : 장기적인 준비

아파트 전도는 장기 전도다. 그래서 전도를 위한 헌신과 장기적 준비가 필요하다. 부광교회는 아파트 거주자 중에 책임자를 정하여 아파트 전체 모임을 가진 후, 동별 모임을 열어 아파트 복음화를 준비해 나간다.

구체적인 실행 방법으로는 아파트에 특별히 아는 사람이 없거나, 한 아파트를 특별히 전도하고 싶을 때 집중 전도 대상 아파트를 설정하여 집중 통로나 층을 목표로 정한다. 더 적극적으로 전도하기를 원한다면 전도 대상 아파트로 이사를 가서 자신의 집이나 협조자의 집을 전초 기지로 확보하고 전도 대상자를 성경 공부나 속회에 초청하여 함께 참여할 수 있도록 한다.

그러나 무엇보다 중요한 점은 영혼 구원에 대한 사모함을 가지고 하나님께서 아파트로 파송하셨음을 잊지 말아야 한다는 것이다.

우리 교회에 적용하기

1. 아파트 전도의 유익함을 성도들에게 알린다. 아파트 전도는 다른 일반 주택보다 쉬운 면이 많으므로 용기를 갖도록 독려할 필요가 있다.

2. 아파트 전도를 위해서는 기도가 우선이다. 입주 전부터 아파트가 들어서는 지역에 가서 먼저 기도로 영적 분위기를 제압한다.

3. 아파트에 입주가 시작될 때 특히 집중하여 입주자의 정보를 파악한다. 사회 과학적 방법으로 객관적 정보 수집에 주력하도록 한다.

4. 아파트 전도에 필요한 여러 사람들을 사귀어 둔다. 경비원, 우유 배달원, 신문 배달원, 가스 검침원 등이 그들이다.

5. 아파트 전도는 장기전이므로 빨리 열매를 맺지 못해도 꾸준히 실행하는 것이 중요하다. 최소한 3년은 투자할 생각을 해야 한다.

4장
영적 고객을 감동시켜라

김상현

부광교회는 전도의 마지막 단계를 새 가족 정착으로 완성한다. 새 가족을 영적인 고객으로 보고 그들을 감동시키고자 새 가족 인도자와 새 가족 사역 위원회 그리고 교회가 서비스를 제공하고 있다. 이제 새 가족과의 만남도 소중하게 여기는 부광교회의 노하우를 알아보도록 하겠다.

새 가족 정착

새 가족은 중요하다

우리는 흔히 새 가족 정착에 대한 잘못된 오해를 하고 있는 듯하다. '새 가족은 시간이 지나면 저절로 정착한다.' '새 가족 정착의 책임은 담임 목사에게 있다.' '새 가족이 정착하지 못하는 이유는 그들 자신에게 있다.' '새 가족은 주일 예배만 참석하면 된다.' 등의 생각들이 우리를 새 가족에게 집중하지 못하게 하곤 한다. 그러나 그리스도의 몸인 교회가 계속해서 성장하고 생명력이 넘쳐 나려면 새 가족이 교회로 들어와야만 한다.

오늘날 한국 교회의 큰 문제는 첫째로 전도의 열의가 식어 간다는 것이며, 둘째로 그나마 전도된 새 신자도 붙잡지 못한다는 사실이다. 앞문으로 들어온 새 신자가 뒷문으로 빠져나가는 것을 막지 못하기에 교인의 숫자는 늘 제자리다. 그러므로 교회 성장을 위해서는 앞문으로 전도도 열심히 해야 하며, 뒷문으로 못 나가도록 철저하게 최선을 다해 새 가족을 정착시켜야 한다.

우리는 수십 명의 교인이 모여 그들끼리 좋은 관계를 유지하는 것을 보고 '가족 같은 교회'라는 표현을 쓰곤 한다. '가족과 같다.'라는 말은 좋은 의미를 갖기도 하지만 한편으로는 경계해야 할 부분도 많다. 즉, 기존의 교인들이 현재 자신의 공동체를 즐기고 유지하는 것에 만족하면 그 교회는 새 가족이 정착하기가 어려워진다. 그렇게 되면 자연히 교회 성장은 요원한 일이 되고 만다. 교회

성장을 위해서는 '창조적 깨어짐'이 있어야 한다. 초대 예루살렘 교회가 온 유대와 사마리아와 땅끝까지 복음을 전할 수 있었던 것도 박해를 통한 제자들의 창조적 깨어짐이 있었기 때문이다.

그렇다면 새 가족이란 누구를 말하는 것일까? 부광교회에서는 새 가족을 아주 분명하게 정의하고 있다. 우리는 새 가족을 (초보) 새 신자와 새 가족으로 구분한다. 똑같이 교회에 처음 나왔다고 해도 각자의 영적 상태와 수준이 다르기 때문에 구분하여 관리하는 것이 바람직하다고 보기 때문이다.

새 가족이 교회에 나오는 일은 마치 집안에 아기가 태어나는 것과 같다. 아기는 아무것도 할 수 없는 무기력한 존재로서 부모가 먹여 주고, 입혀 주고, 돌봐 주고, 가르쳐야 한다. 이와 마찬가지로 새 가족도 교회에서는 스스로 할 수 있는 일이 없으므로 기존 신자의 도움을 받으며 양육되어야 한다.

부광교회의 교구별 연령 분포

구분	(초보) 새 신자	새 가족
내용	• 교회에 처음 나온 사람. • 예전에 교회에 다녔지만 영적으로는 미숙한 사람. • 복음에 대해 전혀 모르는 사람.	다른 교회에서 신앙생활을 하여 복음을 접한 사람(수평 이동). 예 장로, 권사, 집사

새 가족을 정착시키는 원리와 방안

그렇다면 새 가족은 어떻게 정착시켜야 할까? 부광교회는 새 가족 인도자와 새 가족 사역 위원회 그리고 교회가 하나가 되는 시스템을 구축했다.

1. 새 가족 인도자

새 가족 정착에는 새 가족 인도자가 중요한 역할을 한다. 따라서 새 가족 인도자(전도한 사람)가 새 가족에게 더 많은 관심과 노력을 쏟을 수 있도록 집중적으로 교육한다. 부광교회는 새 가족 인도자가 새 가족을 전도하여 교회에 등록시키는 것으로 끝나는 것이 아니라 새 가족 신앙 교실에 참여하는 것까지 책임을 감당하도록 교육한다. 새 가족 인도자는 영적인 신생아를 탄생시킨 것이기에 최소한 6개월 이상의 기간 동안 관심을 가지도록 교육하는 것이다. 이 기간 동안 인도자는 새 가족 신앙 교실에 함께 참여한다. 또한 인도자가 권면하여 새 가족과 함께 5주 과정에 참여한다(새 가족 신앙 교실에 대한 내용은 다음의 자료를 참고한다).

2. 새 가족 사역 위원회

새 가족 정착의 중심에는 '새 가족 사역 위원회'라는 기관이 있다. 새 가족 사역 위원회는 새 가족이 교회에 처음 등록했을 때 그

새 가족을 위한 양육 시스템을 운영하라

새 가족 신앙교실

(1) 기간 : 5주

(2) 시간

　① 주일 : 오전 9시 40분~10시 40분

　② 수요일 : 오전 10시

(3) 장소 : 3층 새가족실

(4) 진행 : 매주 1시간씩 강선향 사모 인도

성장반

(1) 기간 : 12주

(2) 시간

　① 주일 : 오전 10시 20분~11시 20분

　② 수요일 ; 오전 10시

(3) 장소 : 3층 새가족실

(4) 진행 : 매주 1시간씩 손지민 목사 인도

들을 보살피는 일을 맡는다. 구성원인 새 가족 위원은 영적으로 갓 태어난 새 신자를 사랑과 관심으로 보살펴 주며 말씀과 기도를 통해 믿음이 자라도록 양육하는 영적인 부모와 스승의 역할을 한다.

　새 가족 사역 위원회의 운영법을 살펴보면 첫째, 팀 사역을 세분화했다. 새 가족부 사역은 양육 및 정착, 영접 등으로 그 활동 영역이 광범위하다. 이에 부광교회는 새 가족부 팀 사역을 세분하여 전문화했다(자세한 내용은 다음의 도표를 참고한다). 분명한 위치를 정해 주고 각자 자신이 해야 할 역할을 나누어 준 것이다.

팀 사역 중 부광교회의 특징이라 할 수 있는 6번의 새 가족 도우미에 대해 좀 더 자세히 알아보겠다. 새 가족 도우미란 새로 온 가족을 교회의 한 가족이 되게 하는 도우미다. 이들은 새 가족이 처음 교회에 왔을 때 낯선 분위기에서 빨리 벗어나 한 가족처럼 느낄 수 있도록 가장 가까이에서 돕는 사역을 하고 있다. 이들은 교육에 목적을 두지 않으며 새 가족이 교회에 친숙해지도록 돕는다. 새 가족을 교회에 정착시키는 것이 최우선의 목적이라고 할 수 있다. 전

번호	구분	팀장	사역 내용
1	위원장	1명	새 가족부의 조직을 관리하고 운영한다.
2	총무 및 회계 팀	2명	• 연락 체제 등 새 가족 위원회의 살림을 운영한다. • 새 가족 위원회 예산의 집행 지원과 정산을 담당한다.
3	영접 팀	1명	• 부광교회에 등록하지 않고 예배만 드리거나 일시적으로 방문한 사람들과 본당 출입구에서 접촉하여 인사한다. • 방문자들에게 지속적으로 관심을 보여 등록을 유도한다.
4	안내 팀	1명	• 1층 전실에서 새 가족을 안내한다. • 등록한 새 신자를 인도하여 같이 예배를 드린 후 새가족실로 안내한다. • 새 가족이 예배 시간에 불편함이 없는지 살핀다.
5	등록 팀	1명	• 새 신자 등록 카운터를 운영한다. • 등록된 새 가족의 명단을 양육 관리 팀 및 촬영 팀으로 전달한다.
6	새 가족 도우미	1명	• 교회에 처음 온 새 가족이 한 가족이 되도록 돕는다. • 새 가족이 교회의 낯선 분위기에서 벗어나 한 가족처럼 느낄 수 있도록 가장 가까이에서 돕는다.
7	양육 관리 및 수료 팀	1명	• 양육 수료자 명단을 점검하고 환영회 일정을 수립한다. • 환영회 행사를 기획한다. • 새 신자 신앙 교실의 양육 과정 진행을 점검한다. • 새 신자 양육실을 관리하고 성경 공부를 준비한다. • 양육 수료식을 주관한다. • 다과를 준비한다. • 찬양을 준비한다.
8	청년 사역 팀	1명	• 3부, 4부 예배에 참석한 청년들을 주로 담당한다. • 새 가족부의 전반적인 업무를 보조한다.
9	촬영 팀	1명	• 등록 교인을 촬영한다. • 홈페이지에 등록한다.
10	애찬 팀	1명	환영식 후 새 가족의 애찬을 준비한다.
	합계	11명	

도와 양육의 연결 고리 역할인 것이다.

  이들의 주간 사역 내용은 이렇다. 새 가족이 등록하면 그들과 관계를 맺기 위해 1~3주 동안 매주 한 번씩 만나 식사를 하며 교제한다. 그리고 주일에는 기존 성도들을 소개하여 새 가족이 빠르게 정착하도록 돕는다. 즉, 새 가족 도우미 사역의 핵심은 정착에 있다. 이제 새 가족 도우미의 사역 지침을 살펴보자.

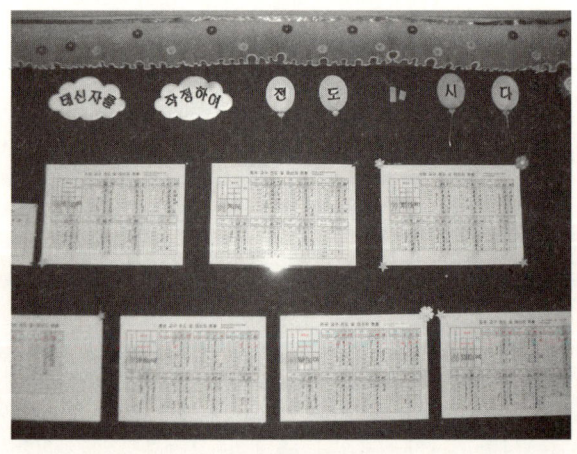

구분	1주	2주	3주
내용	• 서로 인사하기 • 교회 직분자 세 명 소개하기 • 주간 보고서 제출하기 • 편지 보내기 • 주중에 식사하기	• 주일 아침 심방하여 예배에 데려오기 • 교회 직분자 세 명 소개하기 • 주간 보고서 제출하기 • 편지 보내기 • 주중에 식사하기	• 주일 아침 심방하여 예배에 데려오기 • 교회 직분자 세 명 소개하기 • 주간 보고서 제출하기 • 편지 보내기 • 주중에 식사하기

새 가족 도우미 사역 지침

(1) 예배 시 새 가족 도우미로 지명된 분은 예배 후 즉시 새가족실로 오십시오.
(2) 새가족실에서 인사 후 새 가족이 시간이 된다면 함께 식당에서 식사하십시오.
(3) 식사 후 한적한 장소에서 '새 가족 길잡이 안내서'를 나누십시오.

구분		번호	
		1	2
새 가족	등록일	2006.2.11	2006.2.11
	이름	홍길순	감우성
	교구	희락	충성남
	연락처	511-5534	512-5534
	인도자	성춘향	성춘향
새 가족 도우미	사역일	2.11	2.11
	이름	이명순	이명수
	목장	희락	충성남
	연락처		
	사역 상황 1주	쉼터에서 만남	교육관에서 만남
	사역 상황 2주	교육관에서 만남	만나지 못함
	사역 평가	만족	불만족

(4) 새 가족과 새 가족 길잡이 안내서를 나눌 때는 짧게 기도로 시작하며, 가르친다는 자세가 아니라 함께한다는 자세를 가져야 합니다.
(5) 새 가족 길잡이 안내서는 가급적이면 그대로 읽어 주는 것이 좋습니다. 설명을 덧붙일수록 시간만 길어지고 효과는 떨어집니다. 새 가족에게 지나친 부담을 주는 것은 정착에 장애가 됩니다.

⑹ 매주 새 가족과의 교제를 위해 꼭 함께 식사를 하십시오.

⑺ 새 가족에게 반드시 기존 교인 세 명을 소개하되 자신과 친한 사람이 아닌 교회 직분자를 먼저 소개하십시오.

① 친구와 새 가족 정착 관계

새 가족 합계	새 가족 친구의 수	0명	1명	2명	3명	4명	5명	6명	7명	8명	9명
50명	교회에 정착된 열심 있는 교인	0명	0명	0명	1명	2명	2명	8명	13명	12명	12명
50명	만년 손님인 교인	8명	13명	14명	8명	4명	2명	1명	0명	0명	0명

② 교회의 소그룹 참여 유도—10 : 9 비율(소그룹의 참여 인원)

10명의 새 신자 중에서 9명은 반드시 소그룹에 참여해야 새 가족 정착에 성공할 수 있습니다. 열 명 중 아홉 명이란 결국 거의 모든 새 가족이 소그룹 활동에 참여해야 한다는 것을 의미합니다.

③ 100 : 7 비율(소그룹의 비율)

새 가족이 기존 교인과 관계를 맺으려면 100명당 7개 이상의 소그룹이 활성화되어야 합니다. 다양한 소그룹은 새 가족의 교회 정착을 돕는 중요한 도구입니다.

⑻ 사역 직후 새 가족 도우미 주간 보고서를 성실히 기록하여 새 가족부에 꼭 제출하십시오.

⑼ 새 가족과 첫 만남이 있었던 주에는 꼭 새 가족 도우미 편지를 화요일까지 보내십시오.

⑽ 주일 아침에는 반드시 새 가족의 집 앞까지 방문하여 직접 데리고 오십시오.

⑾ 예배 시 반드시 새 가족 옆에 앉아 예배를 잘 드릴 수 있도록 도와주십시오.

⑿ 수료하는 새 가족을 위해 작더라도 정성이 담긴 선물을 준비하십시오.

⒀ 새 가족의 분량에 따라 섬기십시오.
⒁ 새 가족과의 약속을 반드시 지키십시오. 단, 금전 관계는 절대 삼가야 합니다.
⒂ 새 가족과의 대화 시 가급적이면 중간에 말을 끊지 마십시오.
⒃ 자신의 의견이 있을 때에는 새 가족의 눈높이에 맞추십시오.
⒄ 경우에 맞지 않는 말을 하더라도 새 가족을 무시하지 마십시오.
⒅ 문제를 해결해 주려고 하지 마십시오.
⒆ 교회와 목사님에 대해 자랑하십시오.
⒇ 새 가족을 위해 매일 기도하는 것은 새 가족 도우미 사역의 필수 사항입니다.

3. 교회 : 새 가족 정착 그물

부광교회에는 '새 가족 정착 그물'이라는 시스템이 있다. 새 가족의 정착은 저절로 이루어지는 것이 아니기에 정확한 통계와 말씀을 통한 양육 시스템이 필요했다. 그 필요에 따라 정착 시스템을 개발하여 그물처럼 만든 것이다. 그물은 물고기가 한번 들어오면 나갈 수 없듯이, 교회에 들어오는 새 가족이 빠져나가지 않고 정착할 수 있도록 촘촘하게 관리하는 시스템이다(자세한 내용은 다음의 도표를 참고한다).

부광교회는 새 가족 정착을 위한 7 : 7 전략을 다음과 같이 세웠다. 부광교회에서 신앙생활을 하고 있는 7개 대상(목자, 선교회 회

구 분	2004년		2005년	2006년
	1~6월	11월		
새 가족 정착 그물	교역자+목장 → 2:2 전략	교역자+새 가족 양육 관리 팀+새 가족 신앙 교실+목장+선교회 → 5:5 전략	교역자+새 가족 양육 위원 접촉+big brother+새 가족 신앙 교실+목장+선교회+사역 배치 및 직능별 모임 → 7:7 전략	교역자+새 가족 양육 위원 접촉+새 가족 도우미+새 가족 신앙 교실+목장+선교회+사역 배치 및 직능별 모임 → 7:7 전략
교구 새 가족 관리	선교회로 목장 편성	지역별로 새 신자 편성	지역별로 새 가족 편성	인도자 교구 목장 편성
새 가족 관리	교역자 심방 중심	①새 가족 신앙 교실+②교역자 심방+③목장+④선교회+⑤3개월마다 새 가족 점검	①새 가족 신앙 교실+②교역자 심방+③목장+④선교회+⑤1개월마다 새 가족 점검+⑥big brother → 역자 : 주일 정착/목자 : 목장 정착	①새 가족 신앙 교실+②교역자 심방+③목장+④선교회+⑤1개월마다 새 가족 점검+⑥big brother → 교역자 : 주일 정착/목자 : 목장 정착

장, 도우미, 새 가족부 위원, 직능별 봉사자, 교역자 등)을 새 가족이 접촉할 수 있는 교회의 그물을 만드는 것이다. 부광교회는 새 가족이 등록하자마자 새 가족부 도우미 팀 사역자에 의해 새 가족 도우미를 소개한다. 도우미가 새 가족 길잡이 안내서를 함께 나누면서 기존의 교인(중직자 위주) 세 명을 소개한다. 동시에 목회자는 목자와 선교회 회장을 심방하면서 소개한다. 이렇게 새 가족은 다양한 교회 사람들을 만나면서 정착하게 된다. 5주간의 새 가족 공부가 끝나면 은사 배치를 통해 봉사 조직이나 사역 조직에 참여하도록 인

도한다. 이렇게 교역자와 새 가족부 평신도 사역자들이 도우미 역할을 함으로써 새 가족이 교회에 정착할 수 있도록 돕고 있다.

새 가족의 정착을 어떻게 통계로 낼 것인가?

우리 교회의 새 가족 정착률은 얼마일까? 대략 60~70%라고 한다. 그러나 그 근거는 정확한 자료가 아닌 추측이다. 실제로 정확한 수치를 계산해 보면 그보다 낮을 수도 있다. 그러므로 정확한 조사에 의한 새 가족 정착률의 통계가 있어야 무엇이 문제인지 파악하고 그에 대한 대안을 만들 수 있다. 뒷문을 막는 정확한 통계와 점검 없이는 실패할 수밖에 없기 때문이다. 부광교회에서의 새 가족 정착에 대한 통계는 다음과 같다.

● 부광교회 새 가족 정착 현황
(1) 1개월마다 정착 현황을 점검한다(○-3-4 출석, △-1-2 출석, × 불출석).
(2) 새 가족의 주일과 목장 출석을 점검한다.
(3) 새 가족 현황 속에 정착에 필요한 사항의 점검 내용이 있어야 한다.

날짜	번호	목장	목자 성명	생년월일 등록	배우자 성명	전화번호	신급도회	인적사항	관계	출석상황 1월	2월	3월	4월	5월	6월	7월	8월	9월	10월	11월	12월	사유
05.1.1	1	충성	홍길동	67.1.3 초신자	김순의	더모델	인감수	27] 주일	교실 목장	주일 ○	○	○	○									교사
										목장 △	○	○	○									봉사
05.1.7	2	희락	장수영	64.3.9 타교집사	김말동	예스나답	이웃수료	교육부		×	×	×	×									이사

날짜	번호	목장	목자 성명	생년월일 등록	배우자 성명	전화번호	신급도회	인적사항	관계	출석상황 1~3월	4~6월	7~9월	10~12월	사유
05.1.1	1	충성	홍길동	67.1.3 초신자	김순의	더모델	인감수	27]	교실 주일 목장	○	○	○		교사
05.1.7	2	희락	장수영	64.3.9 타교집사	김말동	예스나답	이웃수료	교육부	주일 목장	△	×	△	×	이사

(4) 3개월마다 정착 현황을 점검한다(○-3-4 출석, △-1-2 출석, × 불출석).

(5) 분기별로 새 가족의 몇 퍼센트가 정착하고 있는지, 무엇이 문제인지를 다시 점검하여 대안을 세운다.

새 가족이 정착하는 교회는 새 가족이 좋아하는 교회여야 한다. 새 가족은 영적인 고객이다. 한 번 방문한 고객이 '단골'이 되기 위해서는 서비스를 통한 고객 감동이 있어야 한다. 교회도 마찬가지다. 새 가족이 교회를 방문해 본 후 다시 교회를 찾아오게 하기 위해 영적인 고객 감동 서비스가 마련되는 한국 교회가 되길 소망해 본다.

우리 교회에 적용하기

1. 새 가족에 대한 인식부터 바꾼다. 새 가족은 영적 아기이므로 절대적 돌봄이 필요하다.

2. 새 가족을 인도한 사람에게 최소한 6개월은 그들을 돌보도록 가르치고 동기를 부여한다.

3. 새 가족이 교회에 편안히 정착할 수 있도록 돕는 일대일 양육자를 훈련하고 길러 낸다.

4. 교회 전체를 전도와 새 신자 정착을 위한 그물 조직으로 만든다.

5. 새 가족의 정착에 대한 정확한 통계를 내는 일에 매진한다. 통계는 미래를 위한 정책의 기본 자료다.

Part 2
평신도 전도대

5장

지역 전도대와 특성별 전도대

손지민 | 부광교회 전도 담당 부목사

'전도는 방법이 아니라 습관'이므로 그 습관이 체질화되면 전도 중심형 교회를 이룰 수 있다. 가장 좋은 방법은 생활 속의 반복으로서 거리나 아파트 등 사람들을 만날 수 있는 곳에 전도대가 상주하는 것이다. 부광교회의 전 성도가 참여할 수 있도록 목장을 기본으로 한 지역 전도대와 특성별 전도대의 조직과 운영에 대해 알아보도록 하겠다.

지역 전도대와
특성별 전도대

교회 부흥의 견인차

전도는 많은 교회의 고민이다. 모든 목회자는 '어떻게 하면 전도하는 교회로 만들 것인가?', '어떻게 전도를 체질화할 것인가?'라는 고민을 할 것이다. 이런 고민을 해결할 김상현 담임 목사의 전도 전략이 바로 365일 매일 전도하는 것이다. 하루도 쉬면 안 된다. 그렇다면 어떻게 매일 전도를 할 것인가? 부광교회는 전도대를 통한 365일 전도로써 교인들이 전도 체질로 바뀌고 있다.

부광교회는 전도대의 운영으로 교회의 부흥을 바라보고 있다. 그럼 전도대의 목적은 무엇인가? 첫째는 사명감, 둘째는 전도 체질화 훈련, 셋째는 전도의 결실이다. 이러한 목적을 실현하기 위해 우리 전도대는 거점 및 아파트에서 매일 전도를 한다. 이렇게 교인들이 전도대에 참여하여 활동하는 것은 두 가지의 큰 의미가 있다. 첫째로 거점 전도를 통해 예비된 영혼들을 만나면서 사도행전의 역사를 체험한다는 것과, 둘째로 자연스럽게 전도가 습관이 되어 생활 속에서 관계 전도로 연결된다는 점이다. 물론 이 두 가지를 통해 교회가 부흥하게 되는 것은 말할 나위가 없다. 이렇게 성도들은 전도대에 참여하여 자연스럽게 전도자가 되어 간다.

부광교회는 전도 체질화가 이루어지기 전에는 1년에 전도되어 오는 사람이 150~200명 정도였다. 그러나 2004년 봄부터 전도대를 통해 전도 체질화가 진행되면서 그 수가 800여 명으로 네 배나 증가했고, 2006년에는 청장년만 1,000명이 넘는 사람이 전도되어 등록을 했다. 매주 평균 20명 이상 등록을 한 셈이다. 이후 1년 만에 장년 출석 인원이 25%나 증가했다.

우리 전도대 운영의 특징을 들자면 계절별 상황에 따른 운영법

구분	평균 출석	최고 출석	장년 전도 수
2003년	2,000명	2,300명	150~200명
2004년	2,300명	2,500명	807명
2005년	2,500명	2,940명	760명
2006년	2,750명	3,100명	1,015명
2007년	2,880명	3,200명	1,120명
2008년	2,950명	3,300명	1,035명
2009년	3,000명	3,400명	1,008명

을 꼽을 수 있다. 봄과 가을은 전도하기 좋은 계절이다. 이에 부광 교회는 봄과 가을에 42개 지역 전도대를 중심으로 '전도 축제'를 70일 동안 열고 있다. 여름과 겨울은 특성별로 62개 부광 전도대가 활동하며 전도에 총력을 기울이고 있다. 봄과 가을에는 지역 전도대, 여름과 겨울에는 부광 전도대가 일하고 있는 것이다.

부광교회 1년 전도 계획표

구분	2004년	2005년				비고
계절	겨울	봄	여름	가을	겨울	
행사	부광 전도대	전도 축제(70일)	부광 전도대	전도 축제(70일)	부광 전도대	
기간	12월	3월 20일~ 5월 29일	5월 30일 ~9월 17일	9월 18일~ 11월 20일	11월 21일 ~12월 31일	
전도대	부광전도대 / 전도선발대 / 목장소그룹전도	지역전도대 / 부광전도대 / 전도선발대 / 관계전도	부광전도대 / 전도선발대 / 목장별전도	지역전도대 / 부광전도대 / 전도선발대 / 관계전도	부광전도대 / 전도선발대 / 목장소그룹전도	
전도 본부 365일 운영						

지역(목장) 전도대의 특징(봄, 가을)

1. 왜 지역 목장 전도대인가?

김상현 담임 목사가 꿈꾸는 교회는 전도 중심형 교회다. 전도 중심형 교회는 전 교인이 전도가 체질화되어 주님의 사명을 감당하는 교회다. 그럼 어떻게 교인들을 전도 체질화할 것인가? 그 해답은 전도의 습관화다. 전도는 방법이 아니라 습관이기 때문에 그 습관이 체질화되는 것이다. 습관을 만드는 데 반복만큼 좋은 훈련은 없다. 그러므로 전도를 체질화하려면 생활 속에서 반복적으로 이를 실천해야 한다. 가장 좋은 방법은 거리나 아파트 등 사람들을 만날 수 있는 곳에 전도대가 상주하는 것이었다. 그래서 전도대를 조직하려고 보니 교회의 모든 교인들이 참여한 조직을 담을 수 있는 좋은 그릇이 이미 준비되어 있었다. 바로 목장(구역, 속회)이었다. 그리하여 지역 목장을 기본으로 하는 지역 전도대를 조직하게 되었다. 2004년에는 24개 지역 전도대를 조직 및 운영했고, 2010년에는 48개가 운영되어 전 교인의 전도를 활성화하기에 이르렀다.

목장은 지역의 영적인 첨병이 되어야 한다. 부광교회는 '지역 전도를 그 지역에 해당하는 목장에서 감당하는 지역 전도대'로 조직을 편성했다. 목장(속회)은 전도와 중보 기도, 예배가 중심이 되어야 한다. 그중에 목장은 지역의 영적인 첨병 조직으로서 지역과 가정에서 전도와 중보 기도를 해야 할 최우선의 사명이 있다. 전도 중심형 교회에서 목장장(속장)은 기존의 목장에 안주하는 것이 아니라 전도를 통해 분가하는 재생산에 대한 강한 비전을 가지고 있다.

그럼 어떻게 전도 중심형 목장을 만들 것인가? 우선 현장으로 전도를 나가게 했다. 전도 축제(봄, 가을) 때에는 목자의 인도 아래 모두 열 번 이상 전도 현장에 나가도록 한다. 그리고 담임 목사가 일

주일마다 목자 교육을 통해 영혼 구원 사명의 비전을 선포하고 함께 기도하고 있다. 부광교회가 전도 목장으로 탈바꿈한 후 2년 만에 80개 목장이 재생산되는 놀라운 수확을 얻었다.

2. 지역 전도대의 장단점

(1) 장점 : 모든 교인이 자연스럽게 전도에 참여할 수 있다

전 교인의 참여를 위해 대목자(구역장)를 통하여 목자들이 목원들을 전도에 참여하도록 권면한다. 부광교회는 전 교인이 한 사람도 빠짐없이 1년에 140일 동안 20번 이상 전도에 참여하도록 날짜가 정해져 있다. 대목자와 목자는 교회 생활과 전도에 열심을 내지 못하는 교인이라도 열 번 중에 한 번만이라도 참여하도록 권면하여 전도에 이르게 한다. 비록 신앙생활에 열심을 내지 못한 성도라도 목장 전도에 참여하게 되면 자연스럽게 전도에 대한 자신감과 복음에 대한 열정을 가지게 된다.

이것이 바로 전도 중심형 교회의 핵심이다. 모든 교인이 전도할 수 있는 습관과 분위기를 갖게 하는 것이다. 현재 지역 전도대로 인해 교인들이 '나도 전도할 수 있다.'라는 자신감을 갖게 된 것이 무엇보다도 큰 수확이다. 일반적으로 교회는 전도 특공대를 구성하여 전도를 시작하는데, 이것은 헌신적인 성도만이 전도하는 것으로 생각될 수 있기 때문에 교회에 전도 활성화가 이루어진 다음에 조직하는 것이 바람직할 것이다.

(2) 단점 : 전도가 획일화될 수 있다

지역 전도대는 주로 목장이 속한 지역의 아파트 및 빌라, 일반 주택, 거리에 나가서 전도를 하기 때문에 그 방법이 획일화되기 쉽고 다양하지 못한 단점이 있다. 이런 단점을 보완하고 전도의 다양성을 확보하기 위해 특성별 전도대인 부광 전도대를 조직했다.

부광 전도대의 특징(여름, 겨울)

1. 부광 전도대 조직의 목적

전도 축제가 끝났다고 해서 전도를 쉬면 안 된다. 전도는 365일 계속되어야 한다. 전도의 공백 기간을 없애고 지역 전도 열기를 계속 이어 나가는 것이 부광 전도대. 일종의 전도 특성화다. 이것은 축제 시에 고조된 전도의 분위기를 특성별 전도대로 연결하여 여름과 겨울 동안 계속해서 교회 전체에 전도의 열기를 불어넣는 방법이다.

부광교회의 현관문에 들어서면 현수막에 이런 문구가 있다.

'봄가을은 지역 전도대로, 여름과 겨울은 특성별 부광 전도대로'

전도는 하루도 쉴 수 없다는 부광 가족들의 결의에 찬 표현이다. 이런 과정을 통해 전도가 끊임없이 체질화되고 있다.

2. 왜 특성별 전도인가?

지역 전도대가 연령에 상관없이 조직된 수직적 조직이라면, 특성별 전도를 하는 부광 전도대는 같은 연령층이 모이는 선교회 중심으로 편성된 수평적 조직이다. 이것은 지역 전도대와 관련하여 다음과 같은 효과가 있다.

첫째, 수평적 조직인 선교회와 수직적 조직인 목장을 전도대로 편성하여 부광 교인 전부가 자연스럽게 전도대에 소속감을 가지게 된다. 둘째, 특성별 전도대는 지역 전도대가 펼쳐 온 아파트와 거점을 중심으로 한 획일적인 전도에서 벗어나 43개 전도대가 다양한 방법으로 전도 활성화를 이어 나갈 수 있다.

3. 조직 및 운영

2004년 초여름에 20개 전도대를 구성하여 시작했으나 2006년에는 43개로 조직이 확대되어 지금까지 운영되고 있다. 특히 지역 전도대는 목회자가 때때로 함께 참여하여 전도하지만 부광 전도대는 온전히 평신도들에 의해서 운영된다.

부광 전도대의 특징은 전도대에 따라 전도 방법이 다르다는 것이다. 이 전도 방법의 다양성으로 지역 전도대의 단점을 보완하고 있다. 부광 전도대는 초기에는 자원자를 중심으로 조직되었으나 2005년부터는 대부분 선교회가 중심이 되어 조직, 운영하도록 하고 있다. 지역 전도는 목장에서 지역 전도대의 대목자가 리더가 되어 이끌고 있고, 특성별 전도는 선교회에서 선교회 리더가 중심이 되어 실시하고 있다.

부광 전도대가 모두 선교회 중심으로 구성된 것은 아니며, 각각 고유의 특성이 있다. 부광 전도대 중에서 병원 전도대, 편지 전도대, 테이프 전도대 등은 자원자들이 중심이 되어 운영된다. 43개 부광 전도대 중 아레오바고 전도대(시장 전도)와 병원 전도대 등은 활발한 전도 활동으로 많은 열매를 맺고 있다.

부광 전도대 사역 내용

부광 전도대	전도대 이름	부광 전도대	전도대 이름
거리 전도대 1 거리에서 전도지를 돌리며 전도	샬롬	**아가페 전도대** 아파트를 방문하여 전도	에스라
	한나		아가페
	겨자씨		누가
	노아		에바다
	밀알	**병원 전도대** 병원을 방문하여 환자들에게 전도	병원 1
	나단		병원 2
거리 전도대 2 거리에서 전도지를 돌리며 전도	미리암		병원 3
	브니엘	**시장 전도대** 부평시장만을 방문하여 전도	아레오바고
	빌립		엘리야나
	바나바		마리아
	바울	**지하상가 전도대** 부평 지하상가만을 방문하여 전도	다락방
	디모데		시내산
아파트 전도대 아파트를 방문하여 전도	실로암		카타쿰
	요한	**데코 전도대** 전도용품을 만들어 전도	데코 1
	갈렙		데코 2
	그리심	**편지 전도대** 집중 전도 대상자에게 편지로 전도	시온 1
거점 전도대 거리에서 차를 나눠 주며 전도	베다니		시온 2
	샘물 2		
	로뎀	**청년 전도대** 청년으로 구성되어 거리에서 전도	늘푸른
	벧엘		굿모닝
	엘로힘		
	포도나무		
웨슬리 전도대 도움이 필요한 이웃에게 봉사하며 전도	웨슬리	**테이프 전도대** 테이프를 녹음하여 낙심자에게 전도	

전도대를 운영하려는 교회들을 위해

1. 교회의 내적 환경을 고려하라

전도대 구성 시에는 먼저 교회 상황을 정확히 파악해야 한다. 중소형 교회(100명 이상)는 가능하면 지역 전도대와 특성별 전도대를 함께 구성하는 것이 좋다. 지역 전도대는 속회(목장) 사정에 따라 자유롭게 조직하면 된다. 반면에 특성별 전도대는 하나당 5~15명으로 구성하는 것이 바람직하다. 소형 및 개척 교회(50명 이하)는 특성별 전도대와 지역 전도대를 모두 구성하지 말고 교회 상황에 맞게 만들도록 한다.

2. 지역 환경을 고려하라

교회는 지역 사회와 동떨어진 전도대가 아니라 함께 호흡하는 전도대를 조직해야 한다. 아파트가 없는 농촌의 교회가 아파트 전도대를 조직할 필요는 없다. 그러므로 농촌 교회는 농촌에 맞는 전도대를 구성하고 도시 교회는 도시에 적합한 전도대를 구성해야 한다. 부광교회의 지역 환경을 살펴보면 부평시장과 부평 지하상가, 아파트 단지가 주위에 위치하고 있다. 이에 지역 환경을 고려하여 특성별 전도대를 다음과 같이 구성했다.

부광교회의 특성별 전도대 구성

전도대 이름	전도 방법
카타쿰	부평 지하상가만을 방문하여 전도
아레오바고	부평시장만을 방문하여 전도
실로암	아파트를 방문하여 전도
샘물	아파트 단지에서 차를 나눠 주며 전도

3. 기존의 교회 조직을 이용하라

(1) 목장을 이용하라

 전도 조직을 새로 만드는 것도 좋지만 시간이 많이 걸리고 새로운 조직에 대한 거부감이 있을 수 있다. 그러므로 가능하면 기존에 있는 조직을 이용하는 것이 바람직하다. 교회 조직 중 전도대로 조직하기에 가장 좋은 것이 목장이다. 목장(속회)은 교회의 가장 근원적인 셀 조직이다. 이런 이유로 부광교회는 목장을 지역 전도대로 조직하여 전도에 나섰다.

 목장의 장점은 첫째로 모든 교인이 속해 있는 최초의 조직이라는 점과, 둘째로 목장에 속한 모든 교인이 자연스럽게 친분이 있는 목원들과 함께 전도에 참여하게 되어 자신감을 갖게 된다는 점이다. 이렇게 목장을 전도대로 조직하여 운영하면 전 교인이 점차적으로 전도에 참여하는 전도 중심형 교회가 될 수 있다.

(2) 교회 상황에 적합하게 전도대를 구성하라

특성별 전도대를 반드시 선교회로 구성할 필요는 없다. 부광 전도대를 선교회로 조직했던 이유는 그런 상황이 자연스럽게 이루어졌기 때문이다.

부광 전도대는 2004년 6월에 구성됐다. 처음에는 선교회 중심이 아니라 자원자를 모집하여 조직했다. 그런데 부광 전도대가 6개월간 운영되는 과정에서 같은 나이로 구성된 선교회의 회원이 같은 부광 전도대에서 활동하고 있었다. 예를 들어, 64년생 에스더 선교회는 로뎀나무 전도대에 자원하여 거리에서 전도를 하고 있었다. 이에 2004년 11월에 자연스럽게 자원자 중심의 특성별 전도대인 부광 전도대를 선교회 중심으로 재조직하게 되었다. 이렇게 교회 상황을 고려하여 전도대를 구성하면 된다. 전도대의 구성 방법은 자원자를 모집하는 것과 선교회를 중심으로 하는 것 중 각 교회의 상황에 적합한 것을 선택하면 된다.

4. 전도대 운영을 점검하고 기도하라

(1) 전도대는 리더에게 달려 있다

모든 조직이 그렇듯이 전도대도 리더가 가장 중요하다. 전도대 대장과 팀장의 행동에 따라 대원들이 영향을 받는다. 리더가 열심이 없거나 소극적일 경우 전도대의 활동이 중단될 수도 있다. 그러므로 전도대 운영 중 가장 중요한 것은 리더가 누구인가이다.

부광교회 전도대 조직표

```
                    ┌─────────────────────────┐
                    │   부광 365 전도대 본부 운영   │
                    │  (전도 상황실=전도 마트)     │
                    └─────────────────────────┘
```

지역(목장) 전도대(36개 팀) 전도 축제 140일 & 매일 전도	62개 전도대	전도 선발대
1. 온유 교구(6개 팀) : 부평4·5동, 부개2동 2. 믿음 교구(6개 팀) : 부평1동, 동아 1단지 3. 충성 교구(6개 팀) : 동아 2단지, 부평1동 4. 희락 교구(6개 팀) : 부개1·3동, 갈산 5. 소망 교구(6개 팀) : 계양구, 대림 6. 사랑 교구(6개 팀) : 산곡동	1. 카타쿰 2. 아레오바고 3. 실로암 4. 편지 전도대 5. 한나(60세 이상) 6. 남성(평일 오후) 7. 아가페 8. 병원 전도대 9. 로뎀나무 10. 빌립 11. 요한 12. 어린이 전도대 13. 의료 선교 전도대 14. 샘물 15. 주일 전도대 16. 웨슬리 봉사 전도대 17. 테이프 전도대 18. 영상 선교 팀 19. 학원 전도대 20. 청년 새벽이슬 전도대 21. 소망의 노래 전도대	1팀 : 아파트 방문 전도 2팀 : 공공장소 전도 3팀 : 거점 전도

5장 지역 전도대와 특성별 전도대

(2) 리더는 가능하면 임명하라

민주적인 방식으로 전도대 안에서 대장을 선출하는 것도 좋다. 그러나 부광 전도대를 운영하면서 경험한 바에 의하면, 사역이 검증되지 않은 전도대장들이 선출된 2, 3개 전도대는 운영에 있어 많은 어려움을 겪었다. 그러므로 첫째로 전도와 기도에 열정이 있고, 둘째로 시간이 자유로우며, 셋째로 대원을 통합하는 지도력이 있는 교인을 임명하는 것이 좋다.

(3) 항상 전도대 운영을 점검하라

목회자는 전도대가 영적인 싸움을 잘하고 있는지 살펴보아야 한다. 한 방법으로 전도 본부에서 전체 전도대 상황을 매일 점검한다. 부광교회의 전도대장들은 매주 금요일 저녁 8시에 모여 전도대장 회의를 하고 한 주간의 사역을 점검하고 있다.

우리 교회에 적용하기

1 구역 또는 속회와 같은 소그룹 모임을 전도 중심의 소그룹으로 만든다. 소그룹 리더에게 소그룹 재생산에 대한 강한 비전을 불어넣고 그 그룹을 개혁한다.

2 교회 곳곳의 눈에 잘 보이는 곳에 현수막을 걸어 전도의 동기 부여를 확실히 한다.

3 전도대를 구성하여 특화된 임무를 주고 늘 체크한다. 특화된 임무를 맡김으로써 전도대가 자신의 일에 전문성을 갖도록 한다.

6장

부광교회 전도 축제

손지민

전도라는 영적 전쟁에서 승리하기 위해 부광교회는 전도 축제를 단순히 일회성 행사로 만들지 않는다. 70일간의 축제 기간 내내 기도하는 중보 기도 전도대를 조직하고 전 교인이 영혼을 귀하게 여기는 마음으로 전도 사명에 집중하게 만든다. 이러한 부광교회 전도 축제의 의미와 운영법을 배워 보도록 하겠다.

부광교회 전도 축제

전도 축제의 목적

부광교회의 전도 축제는 김상현 담임 목사가 부임하자마자 2004년 5월 2일~7월 11일의 기간 동안 처음 시작하여 2006년 4월 23일 시작된 725 전도 축제까지 은혜 가운데 진행되었다. 해마다 봄 가을에 70일 동안 영혼 구원을 위해 진행되고 있는 이 전도 축제의 가장 큰 목적은 첫째로 영혼을 귀하게 여기는 마음으로 복음을 전하며 전 교인이 전도에 사명을 집중하여 감당하게 하는 것이다. 둘째는 전도 축제 기간인 70일 동안 매일 전도하여 전도의 자신감을 형성하도록 하기 위함이다.

전도 축제의 행사 내용

2004년에서 2005년까지는 출범 예배를 시작으로 새 가족 환영회까지 네 번의 전도 세미나, 두 번의 중보 기도 특강, 여덟 번의 목장(속장) 기도회를 통해 기도로 은혜를 받고, 전 교인이 영적으로 성장하며, 전도에 자신감을 갖게 했다. 2006년의 전도 축제에 이르러서는 작정한 태신자 2천 명을 7월 2일까지 한 목장당 5명씩 전도하기로 결의하고 725 전도 축제를 진행했다.

2006년 봄 전도 축제를 통해 깜짝 놀란 것은, 전도 축제를 시작한 지 3주 만에 다섯 명 이상 전도한 목장이 세 곳이나 되었다는 사실이다. 전도 축제가 끝나고 결과를 보니 다섯 명 이상씩 전도한 목장이 30곳이었다. 그리고 전도 축제 기간 동안 10주 만에 10~15명이나 전도한 곳도 세 곳이나 되었다. 1~4명을 전도한 목장은 60곳이나 되었다. 계속되고 있는 2009년 봄 전도축제에도 변함없이 관계 전도를 통해 전도된 장년수가 400명에 이르렀다.

전도 축제의 특징

1. 전도 축제는 행사가 아니라 전도 습관 훈련이다

일반적으로 교회에서 전도 축제가 시작되면 집회, 세미나 등 여러 가지 행사가 진행된다. 그러나 이러한 행사가 끝나면 전도 활성화도 지속되지 못하고 같이 끝나는 경우가 있다. 이런 면에서 보면 열 번의 이론적인 교육보다 단 한 번의 전도 실천이 효과적일 수 있다. 그래서 부광 전도 축제는 집회나 세미나와 같은 행사 중심이 아니라 실질적으로 매일 전도대가 파송되어 전도하는 것을 중심으로 진행된다.

70일 동안 매일 목장 중심으로 지역 전도대를 파송하여 아파트나 거리에서 전도하면서 자연스럽게 전도 훈련이 된다. 전도 훈련 중에 가장 좋은 것이 바로 이 실천 훈련이다. 아파트 전도와 거리 전도를 통해 교인들은 전도에 대한 습관과 자신감을 갖게 된다. 전도 축제 기간 동안 전도는 크게 세 가지 유형으로 이루어진다.

첫째는 아파트 전도다. 이는 자신이 거주하고 있는 아파트에서 전도하는 것을 원칙으로 한다. 2004년에는 교인들의 전도 훈련을 위해 전도지 비닐봉지를 만들어 그 속에 전도지와 사탕을 넣고 현관 문고리에 걸어 놓았다. 지금은 전도가 체질화되어 아파트를 직접 방문해 만나는 방문 전도와 이 비닐봉지 전도로 나누어서 활동하고 있다.

둘째는 거점 전도(image making)다. 거점 전도는 전도 축제 기간 동안 부평 지역에서 불신자들이 많이 모이는 장소를 3, 4곳 택하여 날마다 같은 시간을 정해 놓고 음료 등을 나누어 주는 것이다. 이는 부평 지역의 불신자들에게 부광교회를 매력 있는 교회로 부각시키는 이미지 메이킹 전도다. 특히 2004, 2005년에는 인천시 택시공제조합에서 교육을 하는 운전기사 5천 명에게 장갑을 나누어 주면서 큰 호응을 얻었다. 산곡동에서는 매일 차(tea) 전도를 하던 중에 전도대가 지역 주민과 친해져서 전도대가 늦게 나오면 교회에 전화를 하거나 현장에서 전도대를 기다리는 사람들이 생길 만큼 효과가 좋았다.

부평시장에 전도를 나가도 이미 시장 사람들과 대원들이 친숙해져 있다. 이런 이미지 메이킹 전도는 교회의 이미지를 개선시켜 지역 주민들이 교회를 선택할 때 도움을 준다. 725 전도 축제 기간에 한 주간(월~토) 동안 거점 전도에 나간 전도대 인원이 800명이 넘어 놀란 적이 있다. 전도 축제 기간은 이렇게 전 교인이 전도에 참

2006년 봄 전도 축제의 거점 전도 및 아파트 전도 담당표

날짜	담당	
	지역 전도대	부광 전도대
4.23	전도 출범식	남성
4.24	교구1대목장	겨자씨, 웨슬리, 아레오바고
4.25	교구2대목장	병원 2, 병원 3, 데코 2, 시온 1
4.26	교구3대목장	다락방, 실로암, 시내산, 노아
4.27	교구4대목장	엘리야, 밀알, 갈렙, 포도나무
4.28	교구5대목장	샬롬, 로뎀
4.29	교구6대목장	늘푸른
4.30	♥	남성 엘로힘, 아가페
5.1	교구2대목장	에바다, 누가, 마리아, 데코 1
5.2	교구3대목장	한나, 에스라, 굿모닝, 시온 2
5.3	교구4대목장	미리암, 요한, 브니엘, 카타쿰
5.4	교구5대목장	그리심, 병원 1
5.5	교구6대목장	나단, 빌립
5.6	교구1대목장	늘푸른
5.7	♥	남성
5.8	교구3대목장	겨자씨, 웨슬리, 아레오바고
5.9	교구4대목장	병원 2, 병원 3, 데코 2, 시온 1
5.10	교구5대목장	다락방, 실로암, 시내산, 노아
5.11	교구6대목장	엘리야, 밀알, 갈렙, 포도나무
5.12	교구1대목장	샬롬, 로뎀 샘물 1·2, 벧엘
5.13	교구2대목장	늘푸른
5.14	♥	남성
5.15	교구4대목장	에바다, 누가, 마리아, 데코 1
5.16	교구5대목장	한나, 에스라, 굿모닝, 시온 2

날짜	담당	
	지역 전도대	부광 전도대
5.17	교구6대목장	미리암, 요한, 브니엘, 카타쿰
5.18	교구1대목장	그리심, 병원 1
5.19	교구2대목장	나단, 빌립
5.20	교구3대목장	늘 푸른 샘물 1·2, 벧엘
5.21	♥	남성 샘물 1·2, 벧엘
5.22	교구5대목장	겨자씨, 웨슬리, 아레오바고
5.23	교구6대목장	병원 2, 병원 3, 데코 2, 시온 1
5.24	교구1대목장	다락방, 실로암, 시내산, 노아
5.25	교구2대목장	엘리야, 밀알, 갈렙, 포도나무
5.26	교구3대목장	샬롬, 로뎀
5.27	교구4대목장	늘 푸른 샘물 1·2, 벧엘
5.28	♥	남성 엘로힘, 아가페
5.29	교구6대목장	에바다, 누가, 마리아, 데코 1
5.30	교구1대목장	한나, 에스라, 굿모닝, 시온 2
5.31	교구2대목장	미리암, 요한, 브니엘, 카타쿰
6.1	교구3대목장	그리심, 병원 1
6.2	교구4대목장	나단, 빌립
6.3	교구5대목장	늘푸른
6.4	♥	남성
6.5	교구1대목장	겨자씨, 웨슬리, 아레오바고
6.6	교구2대목장	병원 2, 병원 3, 데코 2, 시온 1
6.7	교구3대목장	다락방, 실로암, 시내산, 노아
6.8	교구4대목장	엘리야, 밀알, 갈렙, 포도나무
6.9	교구5대목장	샬롬, 로뎀

날짜	담당	
	지역 전도대	부광 전도대
6.10	교구6대목장	늘 푸른 엘로힘, 아가페
6.11	♥	남성 엘로힘, 아가페
6.12	교구2대목장	에바다, 누가, 마리아, 데코 1
6.13	교구3대목장	한나, 에스라, 굿모닝, 시온 2
6.14	교구4대목장	미리암, 요한, 브니엘, 카타쿰
6.15	교구5대목장	그리심, 병원 1
6.16	교구6대목장	나단, 빌립 샘물 1·2, 벧엘
6.17	교구1대목장	늘푸른
6.18	♥	남성
6.19	교구3대목장	겨자씨, 웨슬리, 아레오바고
6.20	교구4대목장	병원 2, 병원 3, 데코 2, 시온 1
6.21	교구5대목장	다락방, 실로암, 시내산, 노아
6.22	교구6대목장	엘리야, 밀알, 갈렙, 포도나무
6.23	교구1대목장	샬롬, 로뎀 엘로힘, 아가페
6.24	교구2대목장	늘푸른
6.25	♥	남성
6.26	교구4대목장	에바다, 누가, 마리아, 데코 1
6.27	교구5대목장	한나, 에스라, 굿모닝, 시온 2
6.28	교구6대목장	미리암, 요한, 브니엘, 카타쿰
6.29	교구1대목장	그리심, 병원 1
6.30	교구2대목장	나단, 빌립
7.1	교구3대목장	늘푸른
7.2	전도 달란트 축제	남성
7 2 5—하면 된다!		

여하는 기간으로 자리를 잡았다. 축제 기간인 70일 동안 목장 지역 전도대는 아파트와 거리에서 전도를 하면서 점차 자신감을 갖게 되었다. 전도 축제의 전도 실천(거점 전도+아파트 전도)이 자연스럽게 생활 속에서 관계 전도로 연결되는 것이다.

셋째는 관계 전도다. 관계 전도는 먼저 전도 축제 두 달 전부터 태신자를 작정한 후 그를 위해 교구별과 목장별로 기도하게 한다. 태신자를 작정하는 것도 중요하지만 더 중요한 것은 작정한 태신자와 접촉하여 섬기는 것이다. 교역자는 목장들에게 목원들의 태신자 섬김 횟수를 파악하여 목회자에게 알려 주도록 한다. 그 횟수가 기록된 점검판이 교회 벽에 부착되는데, 교역자는 그 새 가족 점검판을 평신도와 함께 확인한다. 작정한 태신자 관계 전도를 위해 사용되는 관계 전도 수첩은 태신자를 일곱 번 이상 섬기게 하는 길잡이가 되고 있다. 개인이 태신자를 위해 집중적으로 기도하고 전도 카드를 작성해 일곱 번의 접촉을 갖고 초청한다. 또한 전도 마트에 태신자를 위한 상품을 365일 준비해 놓고 가격의 50%를 할인해 주어 태신자를 섬기는 데 지원하고 있다.

2. 전도 축제는 중보 기도 전도다

전도는 영적 전쟁이다. 군대가 전쟁에서 승리하려면 후방의 강력한 지원이 필요하다. 부광교회는 전도 축제 기간에 작정한 태신자와 현장에 나가서 전도하는 전도자들을 위해 두 가지 형태로 중보 기도 전도대를 운영하고 있다. 그중 하나는 전도 축제 70일 동안 기도를 하는 중보 기도 전도대다. 이 중보 기도 전도대는 몸이 불편하거나 연로하여 현장 전도를 나가지 못하는 교인들을 대상으로 70일 동안 운영되는데, 이 기간 동안 매일 정해진 시간에 모여서 뜨겁게 기도하고 있다. 또 하나는 교회 임원(제직)들을 중심으로 하루에 오전(10~11시), 오후(2~3시), 밤(9~10시)의 세 번으로 나누어 기도하는 중보 기도 전도대다.

전도를 하면서 늘 고백하는 것이지만 전도는 우리가 하는 것이 아니기에 하나님이 함께 하실 때 진정 가능하다. 그래서 중보 기도는 어떤 전도 방법이나 전략보다도 가장 중요하다.

봄 전도 축제 중보 기도 담당표

구분	날짜	오전 10~11시	오후 2~3시	밤 9~10시
충성 / 충성남	4.23(주일)	주일 예배	정기옥, 오길분	오순예, 박창순
	4.24(월)	윤경희, 이순자	이혜숙, 손문자	박미옥, 유기숙
	4.25(화)	김용숙, 신정희	박복자, 조순복	노혜경, 김미숙
	4.26(수)	원현숙, 이봉숙	김순호, 호영숙	이자심, 전은호
	4.27(목)	김영은, 성경희	김현숙, 강현승	구현순, 조복남
	4.28(금)	이은경, 방영애	김연희, 박임수	심야 기도회
	4.29(토)	김현정, 배선자	김선희, 오미숙	백승래, 오종렬
	4.30(주일)	주일 예배	황연희, 민효순	최구형, 지상근
	5.1(월)	장경남, 윤병애	홍경숙, 유계순	김봉현, 배진락
	5.2(화)	박혜영, 배귀숙	오세열, 박선미	성기제, 전기선
	5.3(수)	장선희, 이정재	윤영선, 이수연	조여진, 이종달
온유 / 온유남	5.4(목)	정미자, 김난실	박옥순, 장극한	김금순, 김향례
	5.5(금)	김성심, 이현주	임명순, 김은실	심야 기도회
	5.6(토)	신춘자, 장춘자	강정환, 이을순	유금식, 박난호
	5.7(주일)	주일 예배	신동호, 이명화	백택현, 이옥화
	5.8(월)	이옥규, 홍연택	황명숙, 백추자	황종숙, 유경순
	5.9(화)	정선희, 조명옥	최정숙, 고명숙	문순분, 김자영
	5.10(수)	황순정, 김정희	이희숙, 한홍예	박정숙, 김화자
	5.11(목)	김영단, 이태선	박경옥, 송옥심	유재성, 김정애
	5.12(금)	신동화, 정정자	김영화, 김종희	심야 기도회
	5.13(토)	변옥련, 안분순	임금선, 이정숙	정종규, 이희자
	5.14(주일)	주일 예배	송경숙, 서혜신	한양수, 유미희
	5.15(월)	교회 부흥 연속 기도회		
	5.16(화)			
	5.17(수)			
	5.18(목)			
	5.19(금)			
	5.20(토)			
소망 / 소망남	5.21(주일)	주일 예배	박은례, 황현옥	이창용, 김동규
	5.22(월)	남영희, 이용순	정상순, 이주옥	창립 기념 부흥회
	5.23(화)	창립 기념 부흥회	임순영, 최용자	
	5.24(수)		홍선자, 박화자	
	5.25(목)		하성곤, 손혜령	
	5.26(금)	이홍순, 김영래	이선미, 심이섭	심야 기도회
	5.27(토)	최근아, 정순자	박미숙, 박경숙	신현혁, 서영자
	5.28(주일)	주일 예배	전양희, 민화자	배영래, 김경휘

구분	날짜	오전 10~11시	오후 2~3시	밤 9~10시
소망/소망남	5.29(월)	이복례, 이영희	곽향실, 임재기	황기윤, 송원기
	5.30(화)	이분순, 유영란	박경덕, 박선순	조철진, 박수향
	5.31(수)	이미원, 이정희	유애자, 장천애	문태현, 류남숙
	6.1(목)	최경순, 최경은	이미순, 김소라	김준석, 박규원
사랑/사랑남	6.2(금)	허정훈, 김복득	김경애, 민희자	심야 기도회
	6.3(토)	박정심, 강인순	고상미, 윤인숙	김영순, 김순자
	6.4(주일)	주일 예배	홍순녀, 김형순	황성희, 박금성
	6.5(월)	김일순, 최재은	김남수, 이영순	주영신, 안병숙
	6.6(화)	고혜경, 김순례	이애라, 신소은	서현숙, 천윤숙
	6.7(수)	홍승자, 안경옥	유은숙, 이금남	박기숙, 박희순
	6.8(목)	정혜경, 이신애	박순심, 이순자	백정애, 정경애
	6.9(금)	구복림, 양인숙	이숙희, 이은주	심야 기도회
	6.10(토)	이옥한, 최윤경	정은경, 최영애	이영옥, 이규진
	6.11(주일)	주일 예배	한선옥, 조복주	김영례, 최낙연
	6.12(월)	채창순, 김종수	이승옥, 정승실	김용선, 서정규
믿음/믿음남	6.13(화)	김화순, 김옥희	임점단, 변종숙	김수진, 박정애
	6.14(수)	김종한, 백명주	황은수, 정연옥	박혜숙, 홍순임
	6.15(목)	차은희, 전찬희	원양자, 안성숙	고옥순, 민광숙
	6.16(금)	이은선, 김경희	김선동, 이덕순	심야 기도회
	6.17(토)	김현자, 박희자	김영석, 함정순	손성숙, 이경희
	6.18(주일)	주일 예배	김영희, 김희수	서승순, 서계순
	6.19(월)	이수자, 강영애	송정미, 이은순	정영숙, 이강례
	6.20(화)	정숙영, 김경원	전한배, 허금숙	강성환, 이효주
	6.21(수)	조미숙, 송미정	김향림, 이명옥	한만재, 이순노
	6.22(목)	권선금, 이경숙	이순노, 편성휘	우명숙, 전성순
희락/희락남	6.23(금)	김정순, 문애자	김옥화, 이춘희	심야 기도회
	6.24(토)	이의진, 한정순	박현옥, 강일순	유애순, 박광규
	6.25(주일)	주일 예배	신애숙, 안정순	엄연호, 김병렬
	6.26(월)	유근례, 백영자	김미영, 정해연	장진, 곽정구
	6.27(화)	변진락, 강덕례	박선녀, 최복례	서윤경, 정준상
	6.28(수)	박순빈, 박미리	이향옥, 장영옥	권정희, 김윤희
	6.29(목)	최영애, 김순자	장연희, 최금순	정정이, 이수남
	6.30(금)	김영, 김애랑	김정심, 황희숙	심야 기도회
	7.1(토)	박경숙, 윤정숙	이점희, 서보순	이학윤, 인효숙
	7.2(주일)	주일 예배	이장숙, 곽홍자	성순제, 임용자
	오전, 오후, 밤에 목장별로 두 명씩 중보 기도합니다!			

3. 초청 예배를 통해 전도를 축제로 만들어라

전도 축제 기간에 특별한 주일을 정해 놓고 남편과 이웃 등을 초청하여 집중적으로 전도하는 방법이다. 초청 예배는 관계 전도를 더 확대하기 위해 전도 축제 4주 후부터 불신자 남편, 자녀들을 한 주씩 초청하여 예배를 드리는 것이다. 초청 예배는 주일 예배 시간(2~4부)을 이용해 마련했다. 초청 예배의 장점은 비용이 적게 들고 준비가 쉽다는 것이다. 구성원들이 3분 정도의 동영상을 준비하고 담임 목사가 초청 대상에 맞추어 말씀을 준비해 전하기만 하면 되기 때문이다. 전도 축제 중에 초청 예배를 통해 특히 불신자 남편들과 자녀들이 등록하는 결과를 가져왔다. 이러한 점에서 초청 예배는 중소형 교회에서 한번 시도해 볼 만한 방법이다.

전도 축제 출범 예배는 어떻게 할 것인가?

부광교회는 출범 예배로 70일간의 전도 축제를 시작하고 있다. 전도 축제 출범 예배는 교회 전체에 전도 축제의 시작을 선포하는 동시에 전도대가 결단하는 시간으로서 중요한 의미를 가지고 있다. 그래서 전도 축제 출범식 내용의 초점을 잘 잡아야 한다. 결단에 초점을 맞출 것인지 축제 분위기에 초점을 맞출 것인지를 교회 상황에 맞게 결정해야 한다. 그리고 매년마다, 계절마다 축제에 변화를 주어 전 교인이 함께 참여하게 한다.

2004년 봄 전도 축제 출범 예배

일시 : 2004년 5월 2일 오후 7시 30분(예행연습 : 당일 오후 6시)

교구 목장별로 앉고 동영상도 교구 목장별로 준비하면서 예수사랑나눔 전도 축제의 열기를 높인다. 처음 하는 전도 축제이므로 축제 분위기에 초점을 맞추었다.

구분	순서	담당자	내용	시간	비고
	준비 찬송	선교 찬양단			
1	통성 기도		사회자 : 선교 목사	7:30~7:33	3분
2	부흥 찬송			7:33~7:37	4분
3	대표 기도	박충완 장로		7:37~7:40	3분
4	설교	담임 목사		7:40~8:05	25분
5	전도대 입장		교구 목장별로 동영상이 나오면 목자들이 교구 목장 깃발을 들고 로비에서 강단으로 행진한다. 전도단이 입장할 때 교구별로 태신자 작정과 전도 목표가 소개된다.	8:05~8:20	15분
6	선서		○○○ 권사(남선교회 회장), ○○○ 권사(여선교회 회장)	8:20~8:21	1분
7	구호 제창	선창:대목자	10개 교구 목장이 대목자의 선창에 따라 일어나 구호를 제창한다.	8:21~8:28	7분
8	광고	담임 목사		8:28~8:31	3분
9	찬송			8:31~8:35	4분
10	구호 제창	모두 함께	전도!(할 수 있다)/전도!(하면 된다)/예수!(할렐루야)	8:35~8:36	1분
11	축복 기도	담임 목사		8:36~8:37	1분
			총 소요 시간		67분

2004년 부광 전도대 출범 예배

일시 : 2004년 7월 18일 오후 7시 30분(예행연습 : 당일 오후 6시)

부광 전도대별로 앉고 동영상을 교구 목장별로 준비하면서 예수 사랑나눔 전도 축제의 열기를 높인다. 봄 전도 축제와 차별화하여 전도대의 결단 부분에 초점을 맞추었다.

구분	순서	담당자	내용	시간	비고
	준비 찬송	선교 찬양단			
1	통성 기도		사회자 : 선교 목사	7:30~7:32	2분
2	대표 기도			7:32~7:35	3분
3	전도대 입장		• 전도대 인터뷰 동영상을 방영한다. • 전도대별로 다섯 명씩 입장한다.	7:35~7:45	10분
4	부광 전도 영화		전도는 이렇게	7:45~7:52	7분
5	설교	담임 목사		7:52~8:12	20분
6	촛불 의식	맡은 이	① 오프닝 멘트 ② 인도자의 짧은 설명과 함께 담임 목사님이 부교역자들에게 점화 ▶ 장로 ▶ 전도대 대장들이 1, 2층의 담당 구역으로 가서 점화를 시작하며 옆으로 이어 간다. ③ 찬양(작은 불꽃 하나가 1절, 내레이션 후 찬양하며 촛불을 계속 이어 간다) ④ 내레이션(2) ⑤ 헌신 찬양 : 주님 내가 여기 있사오니	8:12~8:27	15분
7	통성 기도		다짐과 각오의 기도	8:27~8:30	3분
8	파송 선포식		담임 목사님이 파송 선언을 한다. 담임 목사님이 대장들에게 십자가를 목에 걸어 줄 때 회중은 '가리라' 찬양과 부흥 찬송을 부르며 전도대 대장에 따라 주차장 마당으로 나간다.	8:30~	
	장소 이동 ▶ 본당 앞마당으로				
9	결단 의식		가리라 노래를 부르며 글자가 새겨져 있는 나무판에 촛불을 꽂는다.	8:30~8:48	18분
10	공동 선서	담임 목사	선교부장이 다 같이 오른손을 들고 회중 전체가 공동 선서를 한다.	8:48~8:49	1분
11	축복 기도	담임 목사		8:49~8:50	1분
	총 소요 시간				80분

가을 전도 축제 출범 예배

일시 : 2004년 9월 19일 오후 7시 30분(예행연습 : 당일 오후 6시)

교구 목장별로 앉고 동영상도 교구 목장별로 준비하면서 예수사랑나눔 전도 축제의 열기를 높인다. 봄, 여름과의 차별화를 위해 거점 전도 및 아파트 전도를 게임으로 재미있게 구성하여 생활 속에서 전도가 이루어지도록 했다.

구분	순서	담당자	내용	시간	비고
	준비 찬송	선교 찬양단			
1	통성 기도			7:30~7:31	1분
2	대표 기도	박충완 장로		7:31~7:34	3분
3	전도대 올림픽		① 전도 물품 빨리 만들기 ② 아파트 현관문에 전도 물품 빨리 걸기 ③ 목자, 목원 외우기 ④ 전도 삼행시 짓기 ⑤ 가리라 찬송 개사해서 부르기	7:34~7:59	25분
4	전도대 입장		목장별로 깃발을 들고 로비에서 강단 방향으로 행진한다.	7:59~8:03	4분
5	설교	담임 목사		8:03~8:18	15분
6	선서		대표자가 선서하고 선언문을 담임 목사님께 드린다.	8:18~8:38	20분
7	구호 제창	각 지역별로	13개 교구가 순서대로 자리에서 일어나 구호를 제창한다.	8:38~8:41	3분
8	파송 선포식	담임 목사	담임 목사님이 파송 선언을 한다.	8:41~8:42	1분
9	찬송		가리라 찬송을 부른다.	8:42~8:45	3분
10	결단의 기도	다 같이		8:45~8:48	3분
11	구호 제창	다 같이	전도! 하면 된다! 전도! 할 수 있다!	8:48~8:49	1분
12	축복 기도	담임 목사		8:49~8:50	1분
			총 소요 시간		80분

725 전도 축제 출범 예배

일시 : 2006년 4월 23일 저녁 7시 30분(예행연습 : 당일 오후 6시)

구분	순서	담당자	내용	시간	비고
	준비 찬송	빛과 소금 찬양단			
1	통성 기도	다 같이		7:30~7:33	3분
2	대표 기도	이명환 장로		7:33~7:36	3분
3	동영상	부광 대부흥		7:36~7:50	4분
4	전도 웅변대회	각 교구 대표		7:50~8:20	30분
5	찬양	다 같이	가리라	8:20~8:23	3분
6	설교	담임 목사		8:23~8:43	20분
7	전도대 입장	지역 전도대 대장	지역 전도대 대장 36명	8:43~8:48	5분
8	구호 제창	선창 : 교구 전도사		8:48~8:50	2분
9	찬송	다 같이	부흥	8:50~8:53	3분
10	구호 제창	모두 함께		8:53~8:54	1분
11	축복 기도	담임 목사		8:54~8:55	1분
		총 소요 시간			75분

기존의 전도 축제는 하루에 태신자를 총동원하는 총동원 주일 중심이었다. 총동원 주일 전도는 많은 장점을 가지고 있다. 이는 전 교인을 전도 동력화하여 전도에 불을 붙이고 불신자를 초청하는 영혼 구원에 큰 역할을 해왔다.

그러나 이러한 장점에도 불구하고 몇십 명에서 몇백 명을 초청하는 방식은 다음과 같은 단점이 있다. 첫째, 많은 비용이 소요되어 재정이 부족한 소형 교회에는 어려움이 따른다. 둘째, 하루에 많은 사람이 몰려오기 때문에 새 가족 관리에 어려움이 있다. 셋째, 전도가 지속되지 못하고 일회성 행사로 끝나기 쉽다. 이런 이유로 부광 전도 축제는 총동원 주일 전도의 단점을 보완하여 진행하고 있다.

  부광 전도 축제의 특징은 다음과 같다. 첫째, 70일간의 전도 체질화 훈련으로 교인들이 관계 전도와 현장 전도(거점 전도 및 아파트 전도)를 함께 병행하는 기간이 된다. 이것은 기존의 전도 축제가 일회성 행사로 끝날 수 있는 단점을 보완해 준다. 둘째, 새 가족 관리에 효과적이다. 부광교회는 전도 축제 기간에 매주 20~40명이 등록하여 새 가족 관리에 큰 어려움이 없다. 셋째, 총동원 주일 하루

에 집중하는 방식을 지양하고 매주 교인들의 상황에 맞게 대상을 정하여 초청하는 방식이다. 교인들이 70일 동안 행사에 맞추어 초청 대상을 정하고 기도하며 초청 예배를 드리기 때문에 당사자들의 상황과 환경이 모두 고려된다. 넷째, 전도 체질화 훈련이 중심이므로 교회 규모에 상관없이 적용이 가능하다. 따라서 소형, 중형, 농어촌 등 모든 교회가 상황에 맞게 적용할 수 있다. 다섯째, 행사가 아니라 전도 축제 중심이므로 비용이 절감된다.

우리 교회에 적용하기

1 전도는 행사가 아니라 습관이다. 성도들이 실질적으로 전도를 체질화할 수 있도록 도와주어야 한다.

2 전도는 이미지 메이킹과 함께 하는 것이 중요하다. 한없는 베풂을 통해 일반인들의 마음을 얻어야 한다.

3 전도에는 중보 기도가 큰 역할을 한다. 연로하신 분들을 중심으로 중보 기도대를 형성한다.

7장
부광교회 전도 훈련 과정

손지민 | 부광교회 전도 담당 부목사

부광교회는 전도가 날마다 활성화되어 전 교인을 전도 체질화하는 과정에 있다. 그렇다면 어떻게 성도들을 훈련시키고, 전도에 대한 동기를 부여할까? 여기에 어떤 특별한 방법이 있는 것은 아니다. 다만 누구나 알고 있는 기초 훈련부터 착실히 실시하고 있을 뿐이다.

부광교회 전도 훈련 과정

지역 전도대 훈련

영혼 구원은 하나님이 원하시는 소원이다. 전도는 하나님을 기쁘게 하는 일이며, 하나님의 나라가 확장되는 일이다. 다시 말해서 영혼 구원은 첫째로 예수님의 삶의 모습이었고, 둘째로 주님의 마지막 명령이었으며, 셋째로 교회의 최대 사명이다. 그런데 이상하게도 많은 성도들이 전도를 가장 어려워한다. 봉사와 구제를 열심히 하고, 돈을 보내는 선교도 열심히 한다. 그러나 자신의 곁에 있는 맡겨 주신 영혼을 구하는 일은 소홀히 하거나 어렵게 생각한다. 전도는 결코 어렵지 않다. 주의 깊게 잘 살펴보면 전도를 못하는 사람은 없다. 단지 소극적이고 시도해 보지 않아서 못하는 것이다.

그럼 왜 전도를 어렵게 생각하는 것일까? 첫째는 해보지 않아서, 둘째는 두려워서, 셋째는 전도가 체질화되지 못해서, 넷째는 전도에 대한 사명감이 부족해서다. 그러므로 전도 축제는 이론 교육도 중요하지만 전도가 어렵지 않도록 체질화하는 것이 더 중요하다. 이에 따라 부광교회에서 가장 중점을 두는 훈련은 전도를 체질화하는 실천 훈련이다.

사명 훈련

우선 교회를 전도 중심형으로 만들어야 한다. 전도 중심형 교회는 모든 성도를 전도자로 만든다. 이를 위해 성도들로 하여금 생활 전도에 초점을 맞추도록 한다. 전도는 방법이 아니라 생활이다. 전도를 생활화하기 위해서 '전도는 은사가 아니라 사명이며, 전도는 누구나 할 수 있다.'라는 사실을 강조하는 것이 중요하다. 이렇게 전도는 모든 성도들의 사명임을 인식시켜 성도 한 사람 한 사람에게 전도의 책임이 있다는 것을 알게 해야 한다. 이런 이유로 김상현 담임 목사님은 부광교회에 부임하자마자 첫째로 복음 전도의 사명이 무엇인지, 둘째로 담임 목사가 어떤 사역에 핵심 가치를 두고 있는지를 집회 때마다 강조하여 선포했다. 이렇게 담임 목사님이 복음 전도의 중요성과 사명을 계속 강조하자 교인들에게도 전도의 영성이 생겨나기 시작했다.

복음 전도 실천 훈련 : 교회 밖으로 나가는 초기 훈련

전도 중심형 교회로 전환하려면 먼저 잘못된 고정 관념을 바꾸어야 한다. 우리가 가질 수 있는 대표적인 고정 관념은 다음과 같다. 첫째, 전도 축제에 참여해야 전도할 수 있다. 둘째, 전도는 어렵다. 셋째, 전도는 은사를 가진 사람이 따로 있다. 이런 고정 관념은 이론 교육을 통해서는 극복하기 어려운 한계가 있다. 이를 극복하기 위해 가장 좋은 방법은 다름 아닌 실천 훈련이다.

부광 가족 대부분도 2004년 4월 11일 부활절 이전까지는 전도에

대한 잘못된 고정 관념을 가지고 있었다. 그러나 그해 부활절을 시작으로 담임 목사님의 권유에 따라 주일 4부 예배 후에 계란을 가지고 전 교인이 교회 밖으로 나갔다. 이 부활절 계란 전도 실천 훈련을 통해 전도가 어렵다는 선입견을 가진 성도들에게 자신감을 심어 주고 동기를 부여하게 되었다.

전도 체질화를 위한 전도대 훈련 : 전도대 편성

교회를 전도 체질화하기 위한 훈련을 하기에 앞서 전도대를 편성해야 한다. 일반적으로는 전도대를 편성할 때 교회 안에서 신앙의 연륜이나 열정이 있는 직분자 위주로 70인 전도대 혹은 전도 특공대를 구성한다. 이것도 좋은 방법이지만 일부 교인만 전도 체질화가 될 수 있다는 단점이 있다. 그래서 부광교회에는 전도 특공대가 없다. 전도 선발대는 ○○아파트 입주 시기에 일시적으로 만들어 운영했고, 지금은 부광전도학교 수료자 중에서 한시적으로 구성하여 운영하고 있는 전도대가 있다.

부광교회는 모든 교인이 전도대다. '교회의 건강은 교인의 숫자에 있지 않고 어느 장소에서나 복음을 전할 수 있는 전도자의 숫자에 있다.'라는 것이 담임 목사님의 생각이다.

또한 300개의 전도대, 300명의 전도대장을 위해 오늘도 기도하고 있다. 이것이 바로 300개의 전도대, 300명의 전도대장을 통해 전 교인 모두를 전도 체질화하려는 담임 목사님의 비전이다. 그래서 부광교회의 모든 교인들은 빠짐없이 지역 전도대와 부광 전도대에 편성되어 있다. 전도 축제 기간에는 목장 전도대에서 열 번 이상 거점 지역과 아파트에 나가 전도하도록 시간을 편성했다. 부광 전도대는 선교회 중심으로 편성하여 여름과 겨울에는 일주일에 한 번 전도하도록 했다. 지역 전도대는 수직적으로, 부광 전도대는 수평적으로 전 교인을 전도대 그물망 안에 들어오게 했다. 교회의 모든 조직에 그물망을 쳐서 전 교인이 참여할 수 있는 전도 조직을 만드는 것은 매우 중요하다.

전도대를 통한 전도 축제

전도대의 목적은 여러 가지가 있지만 그중에 가장 큰 목적은 사명 감당과 전도의 체질화다. 전도대를 통한 전도 체질화는 지금 부광교회에 좋은 결과를 가져다주고 있다. 이 전도대를 통한 훈련 방법이란 무엇인가? 다름 아닌 매일 전도하는 것이다. 1년 사계절 365일 쉬지 않고 전도하는 것이다. 2006년에도 4월 23일부터 7월 2일까지 전도 축제 기간의 지역 전도가 끝나자마자 7월 3일부터 부광 전도대의 전도가 시작되었다.

2006년 여름 전도 부광 전도대 담당표

날짜	담당 전도대
7.3	샬롬, 겨자씨, 갈렙, 웨슬리, 누가, 에바다, 아레오바고, 마리아
7.4	한나, 병원, 데코, 시온 1 · 2, 굿모닝, 테이프
7.5	노아, 미리암, 요한, 실로암, 그리심, 다락방, 베다니, 샘물
7.6	밀알, 포도나무, 에스라, 엘리야, 벧엘
7.7	나단, 빌립, 로뎀
7.8	늘 푸른 샘물, 벧엘
7.9	남성(바나바, 바울, 디모데)
7.10	샬롬, 겨자씨, 갈렙, 웨슬리, 누가, 에바다, 아레오바고, 마리아
7.11	한나, 병원, 데코, 시온 1 · 2, 굿모닝, 테이프
7.12	노아, 미리암, 요한, 실로암, 그리심, 다락방, 베다니
7.13	밀알, 포도나무, 에스라, 엘리야
7.14	나단, 빌립, 로뎀
7.15	늘푸른, 벧엘
7.16	남성(바나바, 바울, 디모데)
7.17	샬롬, 겨자씨, 갈렙, 웨슬리, 누가, 에바다, 아레오바고, 마리아
7.18	한나, 병원, 데코, 시온 1 · 2, 굿모닝, 테이프
7.19	노아, 미리암, 요한, 실로암, 그리심, 다락방, 베다니, 샘물
7.20	밀알, 포도나무, 에스라, 엘리야
7.21	나단, 빌립, 로뎀
7.22	늘푸른
7.23	남성(바나바, 바울, 디모데)
7.24	샬롬, 겨자씨, 갈렙, 웨슬리, 누가, 에바다, 아레오바고, 마리아

날짜	담당 전도대
7.25	한나, 병원, 데코, 시온 1·2, 굿모닝, 테이프
7.26	노아, 미리암, 요한, 실로암, 그리심, 다락방, 베다니, 샘물
7.27	밀알, 포도나무, 에스라, 엘리야
7.28	나단, 빌립, 로뎀
7.29	늘푸른
7.30	남성(바나바, 바울, 디모데)
7.31	샬롬, 겨자씨, 갈렙, 웨슬리, 누가, 에바다
8.1	한나, 병원, 데코, 시온 1·2, 굿모닝, 테이프
8.2	노아, 미리암, 요한, 실로암, 그리심, 다락방, 베다니, 샘물, 벧엘
8.3	밀알, 포도나무, 에스라, 엘리야
8.4	나단, 빌립, 로뎀, 아레오바고, 마리아
8.5	늘푸른, 아레오바고, 마리아
8.6	남성(바나바, 바울, 디모데)
8.7	샬롬, 겨자씨, 갈렙, 웨슬리, 누가, 에바다
8.8	한나, 병원, 데코, 시온 1·2, 굿모닝, 테이프
8.9	노아, 미리암, 요한, 실로암, 그리심
8.10	밀알, 포도나무, 에스라, 엘리야
8.11	나단, 빌립, 로뎀, 아레오바고, 마리아
8.12	늘푸른, 다락방, 베다니, 샘물, 벧엘
8.13	남성(바나바, 바울, 디모데)
8.14	샬롬, 겨자씨, 갈렙, 웨슬리, 누가, 에바다
8.15	한나, 병원, 데코, 시온 1·2, 굿모닝, 테이프

날짜	담당 전도대
8.16	노아, 미리암, 요한, 실로암, 그리심
8.17	밀알, 포도나무, 에스라, 엘리야
8.18	나단, 빌립, 로뎀, 다락방, 베다니, 샘물
8.19	늘푸른, 아레오바고, 마리아, 벧엘
8.20	남성(바나바, 바울, 디모데)
8.21	샬롬, 겨자씨, 갈렙, 웨슬리, 누가, 에바다
8.22	한나, 병원, 데코, 시온 1·2, 굿모닝, 테이프
8.23	노아, 미리암, 요한, 실로암, 그리심
8.24	밀알, 포도나무, 에스라, 엘리야
8.25	나단, 빌립, 로뎀
8.26	늘푸른, 다락방, 베다니, 샘물, 벧엘
8.27	남성(바나바, 바울, 디모데)
8.28	샬롬, 겨자씨, 갈렙, 웨슬리, 누가, 에바다
8.29	한나, 병원, 데코, 시온 1·2, 굿모닝, 테이프
8.30	노아, 미리암, 요한, 실로암, 그리심, 다락방, 베다니, 샘물, 벧엘
8.31	밀알, 포도나무, 에스라, 엘리야
9.1	나단, 빌립, 로뎀, 아레오바고, 마리아
9.2	늘푸른, 다락방, 베다니, 샘물, 벧엘
9.3	남성(바나바, 바울, 디모데), 마리아
9.4	샬롬, 겨자씨, 갈렙, 웨슬리, 누가, 에바다
9.5	한나, 병원, 데코, 시온 1·2, 굿모닝, 테이프
9.6	노아, 미리암, 요한, 실로암, 그리심

날짜	담당 전도대
9.7	밀알, 포도나무, 에스라, 엘리야
9.8	나단, 빌립, 로뎀, 벧엘
9.9	늘푸른, 아레오바고, 마리아
9.10	남성(바나바, 바울, 디모데), 아레오바고
9.11	샬롬, 겨자씨, 갈렙, 웨슬리, 누가, 에바다
9.12	한나, 병원, 데코, 시온 1 · 2, 굿모닝, 테이프
9.13	노아, 미리암, 요한, 실로암, 그리심
9.14	밀알, 포도나무, 에스라, 엘리야
9.15	나단, 빌립, 로뎀, 다락방, 베다니, 샘물
9.16	늘푸른, 아레오바고, 마리아
9.17	남성(바나바, 바울, 디모데)
9.18	샬롬, 겨자씨, 갈렙, 웨슬리, 누가, 에바다
9.19	한나, 병원, 데코, 시온 1 · 2, 굿모닝, 테이프
9.20	노아, 미리암, 요한, 실로암, 그리심
9.21	밀알, 포도나무, 에스라, 엘리야
9.22	나단, 빌립, 로뎀
9.23	늘푸른, 다락방, 베다니, 샘물, 벧엘
9.24	남성(바나바, 바울, 디모데)

부광교회 전도 축제의 가장 큰 특징은 특정 대상이 아닌 전 교인을 포함하는 전도 축제라는 점이다. 전 교인을 전도대에 참여시키기 위해 대목자(구역장) 및 선교회 리더를 통하여 목자들이 목원들을 권면한다. 이렇게 지역 목장 전도대를 통해 한 사람도 빠짐없이 목장별로 전도할 수 있게 했다. 그리고 전 교인이 70일 동안 열 번 이상 전도에 참여할 수 있도록 날짜를 편성했다. 대목자와 목자는 교회 생활과 전도에 열심을 내지 못하는 교인이라도 열 번 중 한 번만이라도 전도에 참여할 수 있도록 권면한다. 이렇게 목장 전도에 참여하게 되면 자연스럽게 전도에 대한 자신감과 복음에 대한

열정을 가지게 된다. 이것이 바로 전도 중심형 교회의 핵심이다.

2004년 봄에 시작한 지역 전도대를 통해서는 70일 동안 날마다 지역으로 전도할 수 있게 했다. 부광 전도대는 지역 전도대의 단점을 보완하여 매일 전도하기 위해 2004년 여름에 조직하여 운영하고 있다. 부광 전도대는 2005년부터는 자원자를 중심으로 운영하던 것을 선교회 중심으로 전환하여 운영하도록 했다. 지역 전도는 목장에서 지역 전도대의 대목자가 리더가 되어 이끌고 있고, 특성별 전도는 선교회에서 부광 전도대의 선교회 회장이 중심이 되어 운영하고 있다. 병원 편지 전도대, 테이프 전도대 등은 자원자를 중심으로 운영하고 있다. 62개(2009년) 부광 전도대 중에 아레오바고 전도대(시장 전도)와 병원 전도대 등이 활발한 활동을 벌이고 있다. 일반적으로 교회는 전도 특공대를 구성하여 전도를 시작하는데 이것은 헌신적인 성도만이 전도하는 것으로 생각될 수 있기 때문에 교회에 전도 활성화가 이루어진 후 다음 단계에 조직하는 것이 좋다.

능동적인 전도자 만들기 :
평신도를 전도 조직의 책임자로 세워라

현재 부광교회의 79개 전도대는 목회자가 아니라 평신도 전도대장들이 운영하고 있다. 전도 현장에 나갈 때는 전도대장들이 전도

대원들을 모아 30분에서 1시간 정도 중보 기도를 한 후 나간다. 전도 사역의 대부분은 전도대장에게 위임하고 있다. 예를 들어 전도대 상황 보고, 결신자 모집 등 전도 본부에 보고하는 것까지 전도대장이 하고 있다. 현재 부광교회는 한 주간에 104개의 전도대가 움직이고 있다. 104개 전도대가 처음부터 상시적으로 전도대장들에 의해 움직인 것은 아니었다. 2004년 봄 전도 축제 때는 목회자들이 중심이 되어 전도에 앞장섰다. 조직 구성도 봄 전도 축제는 목회자가 각 부서 책임자로 사역을 감당했지만, 가을 전도 축제는 평신도가 중심이 되어 각 축제 조직을 운영했다. 가을 전도 축제에서는 평신도를 중심으로 조직과 운영에 능동적인 전도자를 세우는 데

평신도를 전도의 능동자로 세우기 위한 조직 운영의 변화

구분	봄 전도 축제	가을 전도 축제	변화된 사항
진행	준비 및 진행 위원 : 교역자 중심	준비 및 진행 : 대목자 및 자원자	교역자 → 평신도
조직	목회자들이 총무, 기획 및 진행 부서에서 책임자로 일했다.	전도 · 동력 팀 : 이정옥 권사 기획 · 홍보 팀 : 배효범 권사 진행 · 운영 팀 : 이옥화 총무 부광 전도대 대장 : 서갑석 권사 중보 기도 팀 : 신춘자 권사	진행 부서의 책임자들이 평신도들로 구성되었다.
전도대 조직	목회자들이 중심이 되어 전도에 앞장섰다.	대목자(구역장)인 평신도가 전도대 대장이 되어 목회자의 도움 없이 운영했다.	목회자가 거점 · 아파트 전도 지휘 → 대목자(구역장)가 전도 지휘

초점을 맞추었다.

　대목자(구역장)가 리더가 되어 전도대를 운영하자 전도의 질적인 상승이 이루어졌다. 2004년 봄과 여름에는 목회자들의 권면에 따라 수동적으로 전도에 참여했던 모습이 이제 능동적인 전도자로 바뀌게 되었다. 현재 지역 전도대는 정해진 날짜에 모여 대목자(구역장)가 지역을 인원에 따라 나누고, 기도회를 30분~1시간 정도 인도한 후 거리와 아파트로 나간다. 부광 전도대도 마찬가지다. 전도대장의 지휘 아래 기도를 한 후 특성에 따라 시장과 병원 등으로 나간다. 평신도를 능동적인 전도 리더로 세우면 전도의 질적인 상승이 자연스럽게 이루어지는 것을 볼 수 있다.

전도 학교 훈련

전도 학교의 훈련 과정은 전도대장이나 전도에 관심을 가진 사람들이 자원하여 진행되고 있다. 이들이 8주간의 전도 학교 과정을 수료하면 새로운 전도자로 탈바꿈한다. 훈련 내용을 살펴보면 강의실에서 하는 것보다 지하철과 같은 현장에서 하는 실천 훈련이 더 많다. 그리고 특별히 전도 학교 수료자들은 다른 모임(성경 공부) 수료자들과 달리 수료식을 함으로써 전도자들을 우대하고 있다.

부광전도학교 강의 안내

구분	강의 제목	장소	시간	일시
1강	신노은 벙석 선쟁 및 전도형 인간	203호	10~2시	3월 23일(목)
2강	복음 메시지 훈련(1)	203호	10~2시	3월 30일(목)
3강	거리 현장 실습	CGV 영화관 및 부평공원	10~2시	4월 6일(목)
4강	복음 메시지 훈련(2) 및 거점 현장 실습	부평공원	10~2시	4월 13일(목)
5강	지하철 전도 훈련	203호 및 지하철	10~2시	4월 20일(목)
6강	전도 실습	지하철	10~2시	4월 27일(목)
7강	아파트 전도 및 1:1 현장 전도 훈련	203호	10~2시	5월 4일(목)
8강	반대 질문법 및 실습	아파트 및 거리	10~2시	5월 11일(목)

이제는 부광 전도대도 점점 전도 체질화하면서 질적으로 양적으로 변화하고 있다. 2004년에는 지역 전도대와 부광 전도대로 전 교인 전도 체질화에 힘을 쏟았다. 그래서 지역 전도대(24개)와 부광 전도대(21개)를 합쳐 총 45개 전도대가 구성되었다. 그해에는 전도가 체질화되지 않은 교인들이 전도대를 통해 거점으로 전도를 나가는 것만으로도 큰 의미를 가졌다. 그리고 현장에 나가 전도지와 차를 나누어 주는 것으로 전도에 대한 두려움을 사라지게 하는 것이 전도대 훈련의 핵심이었다. 2005년에는 전도대 정착 과정으로서 구체적이고 조직적으로 발전시켜 나감으로써 지역 전도대(36개)와 부광 전도대(43개)가 총 79개로 확대되었고 거점 전도로 아파트 전도를 했다.(2009년 현재 지역전도대 42개, 부광전도대 62개)

그 결과 2005년부터는 거리에서 결신자들이 생기게 되었다. 거리에서 사람들을 만나 전도지를 나누어 주는 데에 머물렀던 전도에서 벗어나기 시작하면서 거점에서 사람들을 만나 자신 있게 복음을 전하는 교인들이 생겨났다. 또한 전도대도 안정적으로 발전하면서 한 주간 거리에 나간 전도대 숫자가 평균 400명을 넘어섰다. 2006년에 접어들면서부터는 전도지와 차를 나누어 주던 전도가 점차 사람들을 만나서 복음을 전하는 일대일 메시지 전도로 바뀌어 갔다. 일대일 전도가 차츰 확산되면서 한 주간에 전도 현장에서 결신하는 사람들이 10~30명이나 되었고, 그중에 교회 등록자도 1~3명에 이르렀다.

2006년 6월에 전도 현장에서 있었던 일이다. 부평역사에서 전도를 하던 우리 교회의 전도대가 이단 단체와 마주쳤다. 이때 전도대의 일대일 메시지를 들은 그들은 결국 모두 철수해 버렸다. 그날의 일로 부광교회의 전도대가 이제는 어느 누구와 만나도 담대하게 복음을 전할 수 있을 만큼 많이 성장했음을 느꼈다.

또한 2006년 봄에는 한 주간 동안에 800명이 넘는 지역 전도대가 전도에 참여했고, 그 결과 상반기에만 600명이 넘는 장년이 교회에 등록했다. 이것을 볼 때 전도대를 통해 전도 체질화가 훈련되면서 교회가 양적으로 또 질적으로 성장하고 있다는 것을 알 수 있다. 부광교회 전도 축제는 특별한 것이 아니다. 전도대를 통한 끊임없는 실천 훈련, 현장에서 실천되는 매일 전도가 바로 교회의 성장 요인인 것이다.

우리 교회에 적용하기

1 전도 특공대를 조직하여 소수의 성도만 전도하도록 하기보다는 모든 성도가 전도할 수 있도록 전 성도의 특공대화(化)를 이룬다.

2 평신도들을 리더의 자리에 올려놓는다. 평신도들에게 전도와 관련된 제반 사역의 권한을 위임함으로써 책임감 있게 활동할 수 있는 장을 마련해 준다.

3 거리가 아닌 거점 중심의 전도로 전환한다. 성도들에게 자신감을 심어 주기에는 이것만큼 좋은 것이 없다.

8장

부광교회 365일 전도 체험기

편집부

부광교회의 전도대는 1년 365일 쉬지 않고 전도에 나선다. 이 부광 전도대의 하루를 살펴보고자 한다. 부광 전도대는 특성별로 구성되었으며, 43개의 조직을 이루고 있다. 샘물 전도대(거리 전도)와 아레오바고 전도대(시장 전도)의 일상을 통해 평신도들이 뛰는 전도대의 활약상을 확인할 수 있을 것이다.

부광교회 365일
전도 체험기

365일 전도하는 교회가 있을까?

과연 1년 동안 하루도 쉬지 않고 전도를 할 수 있을까? 설마 하는 기분이 들 수도 있을 것이다. 전도를 아무리 자주 한다 해도 매일 하는 것은 당연히 아닐 것이라고 생각할 수도 있기 때문이다. 그러나 부광교회는 다르다. 정말로 매일 전도하고 있다. 설마가 아닌 틀림없는 사실이다. 1년 내내 열심히 전도하여 부천과 부평에 그리스도의 푸른 계절이 속히 오기를 바라는 부광교회를 찾아 1일 전도 체험을 해보았다.

부광교회의 전도대는 특별하다!

43개의 부광 전도대는 각각 같은 나이 또래의 성도들로 구성되어 있다. 그래서인지 대원들이 서로 이름을 부르는 데에서 친근함이 느껴졌다. 한마디로 친구들끼리 함께 전도하러 가는 것이라고 할 수 있겠다. 예수님 안에서 친구가 되었으니 함께 또 새로운 친구를 사귀러 가는 것이다.

샘물 전도대 – 거리 전도를 나서며

전도를 하러 가기 전에 무엇부터 시작할까 싶었는데, 역시 기도가 주 무기였다. 12시부터 모여 오늘 만날 만한 사람을 만나도록 그리고 오늘의 전도를 하나님이 기뻐하시도록 열심히 기도로 준비했다. 그리고 나서야 나갈 채비를 한다. 그런데 갑자기 종이컵과 커피, 녹차 등을 부지런히 챙긴다. 무슨 전도를 하기에 그러나 싶었는데, 그것이 부광교회 전도대의 특징이라고 한다. 바로 거점 전도다. 각 전도대마다 한 지점씩 정해 놓고, 여러 방법으로 전도를 시도하는데 그날은 차를 대접하며 복음을 전하기로 한 것이다.

시장이나 공원에서 아이스크림이나 음료를 팔 때 쓰는 복음 마차(차를 운반하는 전도 손수레)를 예쁘게 꾸미며 물, 컵, 차 그리고 전도지를 실어 복음을 전할 수 있도록 한 모습이 인상적이었다. 그러나 무엇보다 인상적인 것은 전도대원들의 모습이었다. 전도를 나가는 대원에게 "아니, 전도하러 가면서 다들 치마를 입고 이렇게 예쁘게 하고 나오셨어요?" 하는 목사님의 말에 "전도하려면 예쁘게 하고 가야 돼요." 하며 활짝 웃는다. 장마철 무더워야 이루 말할 수 없건만 전도하러 가는 그들의 모습은 그렇게 밝고 힘차 보일 수가 없었다.

"오늘은 어디로 가세요?"

"아, 저희는 매주 수요일 이 시간이면 롯데백화점(부평점) 앞으로 가요. 거기가 동사무소 앞인 데다가 아파트 입구라 유동 인구가 많은 편이거든요. 그래서 전도하기에 딱 좋은 곳이랍니다."

수레를 한번 끌어 보았다. 무게가 상당했다. 이 무더운 날씨에 힘들지 않느냐는 질문에 2년 반 동안 베테랑이 되었다고 답한다.

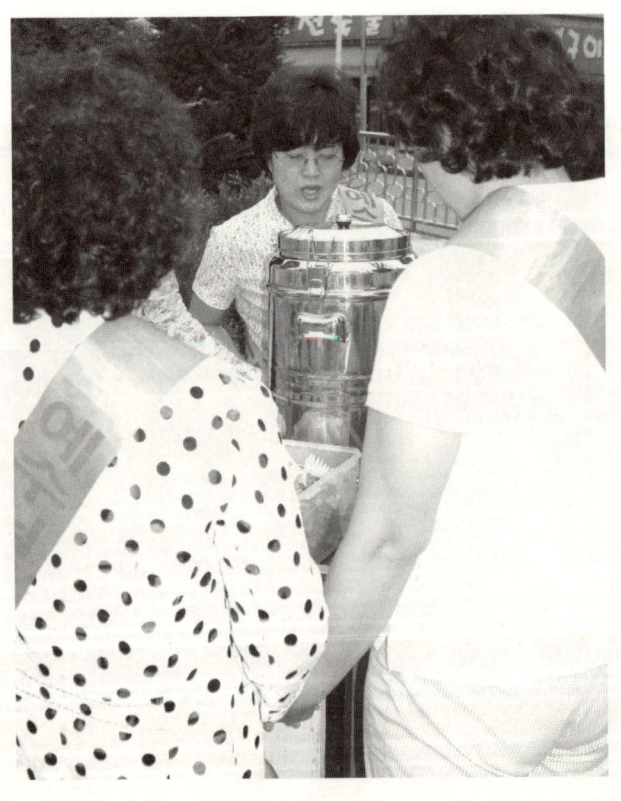

교회에서 10여 분 남짓한 거리. 힘들게 끌고 온 복음 마차를 한쪽에 세우고 띠를 두른 후 전도대원 모두가 손을 잡고 기도를 한다. 그리고 본격적인 전도가 시작되었다.

"예수 믿고 구원 받으세요"

길 한 모퉁이에서 차를 나누어 주며 이렇게 복음을 전한다. 하굣길에 그 앞을 지나가는 아이들이 이 전도대가 누구며 어느 교회인지 이미 알고 먼저 말을 걸어오기도 했다. 전도대는 어린아이 한 명도 그냥 지나치는 법이 없다. 곧 있을 여름 성경 학교까지 소개하면서 꼭 말을 걸어 복음을 전한다.

어떤 아이는 수레 앞을 지나가면서 "저 부광교회 다녀요." 하고 먼저 인사를 한다.

"애들이 이미 전도대를 잘 알고 있나 봐요? 먼저 인사를 하네요."

"매주 이 자리에서 전도를 하니까 이제는 제법 익숙해진 얼굴도 있고, 먼저 와서 물 좀 달라고 하는 아이들도 있어요. 아이들에게 전도하는 것도 큰 보람이에요. 가끔 아이들이 거짓말을 하기도 해요. 교회에 초대하거나 지속적인 관심을 가져 주기 위해서 전화번호를 적어 두는데, 집에 와서 전화해 보면 없는 번호이거나 다른 곳이 나오는 거예요. 그럴 때는 속상하기도 하지만 그래도 역시 아이들은 사랑스러운 존재 같아요."

물론 아이들만이 전도 대상인 것은 아니다. 행인 중 한 사람도 빠짐없이 복음을 전한다. 일단 말이 통한다 싶으면 100미터, 200미터는 문제가 되지 않는다. 끝까지 쫓아가면서 예수 그리스도를 자랑하고 교회에 한번 나올 것을 권한다.

가끔씩 처음부터 전도대의 손길을 거부하고 외면하는 사람들도 있다. 예전에는 그런 사람들 때문에 상처를 받기도 했지만 지금은 하나님께서 그저 복음 전하는 것을 기뻐하심을 알기 때문에 괜찮다고 말한다. 이렇게 전도하는 것이 그들에게는 삶이요, 또 삶의 큰 기쁨이라고 했다. 앞으로 더 바라는 점이 있다면 역시 망설임 없이 부광교회 담임 목사님의 비전을 따라 부천과 인천의 모든 사람들이 예수님을 믿고 구원을 받아 두 지역이 푸른 초장이 되는 것

이라며 한 손에는 차를 한 손에는 전도지를 들고 지나가는 사람들을 쫓아간다. 30분 정도 그곳에 있으면서 전도를 해야겠다는 마음이 절로 생겼다. 왠지 전도를 할 수 있을 것만 같은 생각이 들었다. 아니, 전도하지 않으면 안 될 것만 같았다.

아레오바고 전도대 – 시장 전도를 나서며

또 하나의 전도 팀과 함께 이번에는 시장을 찾았다. 시장은 많은 사람들로 북적거렸다. 물건을 파는 사람과 사는 사람, 근처에 볼일을 보러 온 사람과 그 주변에 사는 사람, 그리고 아무 대가 없이 기쁘게 복음을 전하고 있는 사람들이 있었다. 바로 부광교회의 아레오바고 전도대였다.

"예수님을 만나면 행복해집니다"

커피 잔을 들고 시장 구석구석을 직접 돌며 그들이 전하는 말이다. 이제 이 시장에서는 이 전도대를 모르면 간첩이다. 물론 처음부터 그랬던 것은 아니다. 처음에는 커피를 가져오든 빵을 가져오든 도통 관심이 없는 사람도 있었고, 장사에 방해가 된다며 핀잔을 주는 사람도 있었다. 그러나 2년 반을 꾸준히 찾은 결과 이제는 180도 확 달라진 모습이었다. 시장에서 전도를 하다 보면 가끔 술에 취해 전도대에게 행패를 부리는 사람이 있는데, 이제는 시장 상인들이 알아서 교통정리를 해주기도 한다. 비가 많이 와서 전도를 못한 날이 있으면 다음에 나왔을 때 오히려 왜 안 왔었냐고 묻기도 하는 등 이래저래 아레오바고 전도대는 시장에서 사랑을 받고 있었다. 지성이면 감천이라고 했던가! 전도대의 성실한 노력의 결과 이 시장 골목 안에는 구원 받은 사람들이 계속 늘어나고 있다. 야채 가게 어르신은 아버지로, 생선 가게 여 사장은 언니로, 반찬 가게 아저씨는 오빠로 모두 한 가족이 되어 웬만한 친척들보다 더 가

까운 사이가 되었다. 반찬 가게 아주머니가 교통사고로 병원에 있다는 소식을 듣자마자 병문안부터 가야겠다는 모습에서 전도대의 시장을 향한 애정을 다시 한 번 깊이 느낄 수 있었다.

"어떤 일이 가장 기억에 남으세요?"

한 전도대원에게 물었다.

"처음에는 어려움도 있었지만 전도하면서 느낀 것은, 하나님이 이렇게 복음의 씨앗을 뿌리는 것을 기뻐하신다는 겁니다. 그래서 전도할 때마다 감사한 마음이 들어요. 한번은 아침부터 간절히 기도하고 전도를 하게 되었는데, 그날 오후 시장에서 한 엄마와 딸을 만났습니다. 열심히 복음을 전했고, 등록 카드도 기록했어요. 그런데 교회에는 나오지 않더라고요. 시간이 지나 잊힐 만했을 때 우연히 수첩에 적어 놓았던 이름을 보게 되었습니다. 그 순간 하나님께서 전화를 해보라는 마음을 주셔서 용기를 내어 연락을 했더니, 마침 그때 그 엄마가 교회를 갈까 말까 망설이고 있었다고 하더군요. 그 일을 계기로 모녀가 교회에 나오게 되었는데 얼마나 기쁘고 감사했는지 몰라요."

옆에서 함께 이 이야기를 들은 대원이 "이 시간이 되면 전도하러 나와야 개운하고 뭔가를 한 것 같은 기분이 들지, 안 그러면 왠지 허전하고 이상해요."라고 하며 일어나 바삐 움직이기 시작한다.

"집에서는 평범한 주부지만 여기만 나오면 힘이 넘칩니다"

아레오바고 전도대원들이 하는 말이다. 그만큼 전도가 얼마나 체질화되었는지를 보여 주고 있다. 시장에서 물건을 떨어뜨린 사람을 보면 기회를 놓치지 않고 성큼 다가가 주워 주면서 말을 걸고 전도를 한다. 혼자 낑낑대며 무거운 짐을 들고 가는 사람에게는 함께 들어 주며 전도를 한다. 무더운 여름 날씨에 지친 사람을 보면

시원한 냉커피를 한 잔 권하면서 전도를 한다. 그저 할 일 없이 시장 골목을 지나가는 어르신들에게는 노인 대학에 나오시라고 하면서 전도를 한다. 학교를 마치고 엄마를 찾아 나선 아이들에게는 머리 한 번 쓰다듬어 주고 어깨 한 번 토닥이면서 전도를 한다. 열심히 일하는 시장 상회 사람들에게는 시원한 음료를 대접하고 그들의 마음속 이야기를 들어 주면서 전도를 한다. 이렇게 저렇게 시장 골목 안으로 들어온 모든 사람들이 대원들에게는 가족이고 친구며 반드시 구원 받아야 할 귀한 영혼들이다.

2년 반이면 모든 전도 생활이 익숙해져서 대충대충 넘어갈 수도 있을 텐데, 시장에서 만나는 사람들은 한 번 보고 지나치게 되기 때문인지 더 애틋하고 간절한 마음으로 대하게 된다. 그 모습이 참으로 아름다웠다. 눈살 한 번 찌푸리지 않고 늘 웃는 모습과 겸손함으로 전도하는 부광교회 전도대의 모습은 시장의 메마른 땅을 촉촉하게 적시기에 조금도 부족함이 없었다.

김상현 담임 목사님은 성도들에게 우리 교회만 부흥할 것이 아니라 이 지역의 모든 교회가 함께 살아가고 부흥해야 할 것을 가르친다. 그래서인지 어느 전도대든지 꼭 부광교회에 나올 것을 강조하지 않는다. 주변에 가까운 교회가 있으면 그 교회를 마음껏 칭찬하고 '좋은 교회'라는 인식을 심어 주며 그 교회에 출석하도록 권한다. 다른 교회까지 섬겨 주는 전도대의 겸손함은 시장 사람들뿐만 아니라 시민들의 마음을 녹이고 사로잡기에 충분했다. 그래서 그 시장 골목 안 어느 생선 가게는 이름을 '부광상회'로 바꾸고 가게를 찾는 손님들에게 전도를 하는 열심 있는 그리스도인으로 거듭나 모든 대원들을 기쁘게 했다.

하루를 마무리하며

부광교회 성도들에게 있어서 전도는 용기를 내서 도전해야 하는 개척의 정신이 필요한 것이 아닌 그저 삶 그 자체다. 이제 방학이

되면 자녀들까지 함께 동참하여 전도하게 될 만큼 교회 전체에 전도의 삶이 가득해졌다. 해본 사람만이 그 보람을 알 수 있다고, 일단 한번 용기를 내어 전도해 본 사람들은 계속해서 전도의 삶을 이어 가고 있다.

거리 전도를 하는 샘물 전도대와 시장 전도를 열심을 다해 섬기는 아레오바고 전도대에서 복음을 전하던 바울의 열정을 이해하게 되었다는 한 대원의 고백은 함께 지켜본 우리로 하여금 전도에 대한 열정을 새롭게 하고 '나도 전도해야겠다.'라는 사명감을 느끼게 해주었다. 또한 '나도 할 수 있다.'라는 자신감도 얻게 된 값진 전도 1일 체험의 시간이었다.

Part 3
전도 후방 지원 물품

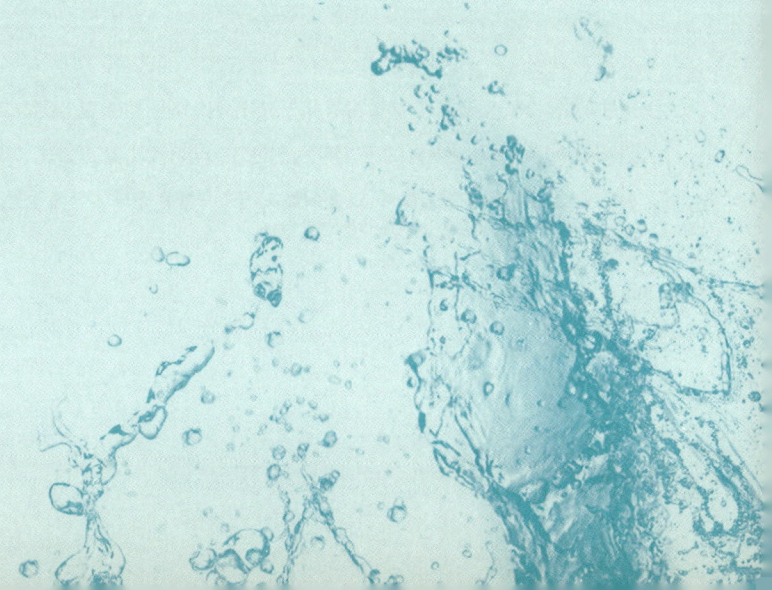

9장

전도 본부 365일 운영법

김상현

부광교회는 365일 전도 본부를 운영하고 있다. 전도대를 운영 및 점검하고 전도의 계획과 전략을 수립하는 이 본부의 모든 업무는 평신도 사역자들이 맡고 있다. 이로써 목회자들은 심방 및 돌봄 사역에 집중할 수 있게 되었고, 평신도들은 전도 사역에 능동적으로 참여하게 되었다.

전도 본부
365일 운영법

전도 본부

부광교회에는 365일 늘 사람이 붐비는 곳이 있다. 바로 전도 본부라는 곳이다. 이곳은 14명의 평신도 사역자가 매일 근무하며 전도대의 하루 전도 사역을 점검하고 있다. 전도 본부는 부광교회에만 있는 전도의 노하우다. 이 전도 본부는 구체적으로 무엇을 하는 곳인가?

1. 전도 본부의 사역 목적

전도는 영적인 전쟁이다. 전쟁에서 승리하려면 모든 작전을 계획하고 지원하는 본부가 있어야 한다. 마찬가지로 영적인 전쟁을 하는 전도대를 지휘하고 전략을 수립하려면 전도 본부가 있어야 한다. 부광교회에는 365일 영적 전투를 하기 위해 79개의 전도대를 운영하는 전도 본부가 있다. 전도 본부는 전도를 계획하고 전략을 수립하며, 전도대의 원활한 활동을 위해 필요한 물품을 구입하고 준비해 준다.

2. 전도 본부는 왜 필요한가?

전도는 교역자 중심으로만 하기에는 한계가 있다. 교역자는 전

도의 선봉에도 나서야 하지만 그 외에도 다른 사역이 존재한다. 목회자는 설교, 심방, 상담 등 여러 가지 사역이 있기 때문에 매일 전도대를 점검하며 전도 현장으로 나가기에는 무리가 있다는 것이다. 그렇기 때문에 목회자를 돕는 전도 본부가 필요하다.

부광교회 전도 본부는 첫째로 79개 전도대의 조직을 운영 및 점검하고, 둘째로 전도 물품을 구입하며, 셋째로 전도에 관한 모든 것을 계획하고, 넷째로 목회자 평신도 전도 세미나를 운영하는 사역을 담당하고 있다.

부광교회는 전도 본부가 생겨난 후 목회자들이 심방 사역 및 돌봄 사역에 집중할 수 있게 되었고 평신도는 전도 사역에 능동적으로 참여하게 되었다. 부광교회는 1년에 8회 이상 목회자와 평신도 세미나를 개최한다. 2006년까지 15회의 세미나를 개최했었는데 이 모든 것을 전도 본부에서 계획하고 진행했다. 그러면서 전도 세미나에 참여한 목회자나 평신도들이 전도 본부 사역자들의 헌신하는 모습을 보며 도전을 받게 되기도 했다. 이는 부광교회가 교역자 중심에서 평신도 중심의 사역으로 변화되고 있음을 보여 준다.

전도 본부의 구성

2004년에 처음으로 두세 명에서 시작했고, 2005년에는 인원이

14명 정도로 늘어났다. 현재는 평신도 사역자(무급) 14명으로 구성되어 있으며, 매일 교회에 출근하여 전도를 기획하고 전도대 조직을 운영 및 관리하고 있다. 전도 본부의 구성을 보면 전도대장을 비롯하여 총무 팀, 문화 홍보 팀, 교육 팀, 마트 팀, 아파트 팀으로 나누어져 평신도 팀 사역을 맡고 있다. 전도 본부는 평신도 사역자 중심으로 이루어지며 팀 사역을 중요하게 여기기 때문에 다섯 개의 팀을 중심으로 조화롭게 운영되고 있다.

- 전도 본부 대장 : 평신도 사역자로 104개 전도대와 전도 본부 팀 사역을 잘 조절하여 운영한다.

- 총무 팀 : 모든 업무를 총괄하고 전도 운영을 진행한다.
- 문화 홍보 팀 : 전도에 관한 홍보물(전도지, 전도 신문, 현수막, 동영상 등)을 제작하며, 전도 축제 시에 상황 점검 및 교회 내 홍보를 전담한다.
- 교육 팀 : 전도 학교 운영과 전도 본부 사역자 훈련을 담당한다.
- 마트 팀 : 전도 마트의 용품 구입 및 판매와 전도 달란트 축제를 담당한다.
- 아파트 팀 : 아파트 전도에 대한 운영을 담당한다.

전도 본부의 사역 내용

1. 사역 전도 상황실에서 하는 일

사역 전도 상황실은 영적 전쟁의 상황실과 같은 역할을 한다. 그 내용은 다음과 같다.

첫째, 영적 전투에 필요한 물품을 총괄한다. 군대가 전쟁터에 나가서 싸우려면 군수 물자가 필요하다. 마찬가지로 사역 전도 상황실에서는 전도대가 영적 전쟁에서 승리할 수 있도록 물품을 구입하고 관리하는 사역을 감당한다. 부광교회는 하루에도 열 개 이상의 전도대가 현장에 나가기 때문에 전도지와 물품이 많이 필요하다. 전도지뿐만 아니라 음료수나 아파트 현관 문고리 전도 비닐봉지 등의 물품을 준비하여 영적 전쟁에 불편함이 없도록 한다.

둘째, 태신자를 작정하고 섬기는 사역을 돕는다. 부광교회는 전 교인이 2월과 9월에 태신자를 작정하게 되어 있다. 전도 본부에서는 이 태신자 작정서를 통해 교인들이 누구를 태신자로 작정했고 몇 번 섬기고 있는지를 상황판에 기록하는 작업을 한다. 기록 작업을 하면서 전도와 태신자 섬김의 횟수를 조사하여 교역자에게 자

료로 제공한다. 교역자들은 이 자료를 토대로 하여 태신자 작정과 일곱 번 섬김을 교인들에게 권면한다.

셋째, 전도 축제를 기획하고 진행한다. 전도 축제 기간 동안 교역자를 도와 전도대 점검 및 특별 행사 등을 진행하고 전도대 운영을 관리한다.

넷째, 현장 전도를 통해 전도 수첩에 적어 온 결신자를 전도대에서 관리할 수 있도록 분석하는 일을 돕는다. 전도 수첩에 적힌 결신자의 자료를 전도대장 회의 시에 전도 본부에 제출하여 금요 심야 기도회 때 교유들이 함께 기도하게 한다.

다섯째, 전도대장 회의 자료를 준비하여 매주 금요일(오후 8시)에 실시하는 대장 및 팀장 회의가 잘 진행되도록 돕는다. 또 한 주간의 모든 전도대 진행 상황을 보고하면서 문제점을 개선해 나간다. 전도대장 회의를 통해 모두 합심하여 기도하고 하나님의 동행하심을 서로 나누면서 큰 힘이 되고 있다.

여섯째, 104개 전도대를 매일매일 점검한다. 전도대는 현장 전도를 마치면 반드시 전도 상황을 보고서에 작성하여 본부에 제출해야 한다. 이것을 통해 전도 상황을 확인하고 문제점을 보완해 나간다.

일곱째, 부광전도학교를 운영한다.

2. 전도 사역 훈련

전도 본부는 현재 14명(35~57세)의 열정을 가진 교인들이 자리를 지키고 있다. 모두 가정주부인데, 일반적으로 주부들은 열정과 헌신으로 준비되어 있어도 오랜 시간 가사에 매여 있었기 때문에 사역자로 전환할 때 어려움이 따른다.

우선 실무 능력(컴퓨터 문서 작업 등)이 부족하며, 평신도 사역과 팀 사역에 관한 인식 또한 부족하다. 부광 전도 본부 초기에 이러한 문제가 생기기 시작하여 팀 사역에 부조화가 발생했다. 원인을 구체적으로 살펴보니, 주부들은 오랫동안 혼자 집안일을 하던 습관이 있어서 서로 협력하여 팀으로 일하는 것은 어려워하는 경향이 있었다. 또 속마음을 쉽게 열지 않아 서로에 대해 잘 알지 못하며, 건강하게 견제하지 못한다는 것을 알게 되었다. 이것은 평신도 팀 사역, 특히 주부 사역자들에게서 흔히 나타날 수 있는 현상이다. 목회자 중심에서 평신도 중심의 전도 사역으로 전환하려면 이러한 장애물은 반드시 극복해야 할 문제다.

이러한 장애물을 극복하기 위한 방법으로 믿음 안에서 신뢰를 견고히 하고자 팀원 간의 중보 기도를 강화했으며, 실무 능력을 키우기 위해 10시간 동안 컴퓨터 교육 등을 시행했다. 팀원들 간의 친밀함과 원활한 의사소통을 위해 사역자 훈련도 실시했다.

현재 전도 본부 사역자 훈련은 6단계, 즉 전도 학교, 복음 학교, 사역 학교, 중보 기도 학교, 제자 학교, 성품 학교로 나누어지며 1년 과정으로 진행되고 있다. 매주 월요일에 전체 중보 기도회와 사역 훈련을 통해 자신이 누구인지를 재발견하며, 옛 사람을 하나님 앞에 내려놓는 훈련을 한다. 이를 통해 하나님이 원하시는 사역자의 삶이 무엇인지를 서로 나누며, 상대방을 알게 되면서 팀 사역의 취약한 부분을 보완하고 있다.

전도 본부는 전도 사역을 진행하는 조직이지만, 그 사역자들이 훈련되어 있지 않을 경우 팀 사역이 조화를 이루기가 쉽지 않다. 만일 전도 본부의 본래의 사역 목표가 제대로 이루어지지 않을 경우 교회의 전도 사역에 피해를 줄 수도 있다. 그러므로 교회에 전도 본부를 설립할 때에는 반드시 훈련과 사역을 함께 진행하는 것이 바람직하다. 전도 본부가 부광교회에 조직된 후 목회자들은 심방 사역 및 새 가족 정착 사역에 집중할 수 있었으며, 평신도는 자신들이 계획을 세우고 진행하는 가운데 전도 사역에 능동적으로 참여하게 되었다.

3. 전도 마트 운영

생활 속에서 관계 전도를 하려는 교우들이 태신자에게 선물을 주고 싶을 때가 있다. 이를 위해 전도 본부에서 마트를 운영하고 있다. 전도 마트에서는 전도자들이 물건을 구입하고자 할 때 50% 할인된 가격으로 판매한다. 물품 구입 및 판매 일체를 마트 팀이 중심이 되어 관리하며 결정한다. 태신자를 위한 전도 상품의 종류는 150여 가지로 다양하게 준비되어 있다. 상품 중에 가장 많이 팔리는 것은 성경책과 생활용품이다.

전도 마트로 인해 생긴 재미있는 이야기가 있다. 바로 전도 마트는 세상의 경제 원리와는 정반대라는 것이다. 세상의 마트는 손님이 많을수록 이익이 늘어나지만 전도 마트는 손님이 많을수록 이익이 줄어든다. 그러나 이것은 기뻐할 일이다. 전도 마트에서 물품이 많이 팔리는 만큼 태신자 전도가 활발하다는 증거이기 때문이다.

4. 부광전도학교

부광교회에는 자체적으로 8주 동안의 훈련을 실시하는 전도 학교가 있다. 부광 교인들은 전도 학교를 수료하면 강력한 전도자로 완전히 탈바꿈한다. 부광전도학교의 훈련은 강의실 안에서의 공부가 아니라 실습을 중심으로 이루어지고 있다. 훈련 기간에는 전도 본부 교육 팀이 도우미 역할을 해주고 있다.

달란트 전도 축제

1년에 두 번 전도대가 모두 모여서 잔치를 한다. 바로 달란트 전도 축제다. 이 축제는 교회 학교의 달란트 시장을 모델로 하는데, 전도 마트에서 선물과 특별 물품을 구입하여 상반기(7월)와 하반기(12월)에 진행하고 있다. 달란트 전도 축제는 전도대원들이 전도에 참여하는 숫자에 따라 대장에게 달란트를 지급한다.

이 축제의 목적은, 전도를 해서 불신자를 교회에 등록시키는 것도 중요하지만 그와는 상관없이 전도의 사명을 감당하는 것을 강조하는 김상현 담임 목사의 목회 비전을 반영하고자 함이다. 전도대에 참여하면 그 참여에 따라서 1년에 30~150달란트를 소유하게 된다. 그 달란트를 가지고 시장에서 자신이 원하는 물건을 구입하면 된다.

달란트 전도 축제 품목표

달란트	품목
2	샤워 퍼프, 무궁화 비누, 수건, 행주, 크리너, 커피, 펩시콜라
3	대나무 젓가락, 망사 수세미, 빗자루 세트, 비눗갑
4	수세미, 소프트 수세미, 샤워 퍼프
5	천연 때비누, 디즈니 볶음 수저, 수지침 볼펜, 자수 행주, 면 행주, 타월 손수건, 칫솔꽂이, 에뜨르 비누 수정구, 물 먹는 하마, 막가위, 쫄쫄이 신발
6	요술 행주, 다리오 다림질 풀, 오미자차, 간장(소)
7	푸우 사각 뒤집개, 대추차, 생강차, 지퍼락(소), 수저꽂이, 먼지 귀신
8	물감, 크린 랩, 조이(소), 가그린(소), 구기차, 크린 백, 쿠킹 호일, 색연필, 크린 장갑, 천마차, 양말, 메모꽂이
10	세이프 400, 퓨어 펌프 500, 조이 500, 엠보싱 롤 티슈, 과도, 레드 주방 가위, 한우 감치미, 멸치 다시다, 크레파스, 소고기 다시다, 휴대 전화 고리, 유리 냄비, 앞치마, 주방 타월 세트, 페브리즈, 조이(대), 칫솔 세트, 세탁망, 가그린(대), 고추장 500, 지퍼락(중), 책, 쌈장, 고추장, 포푸리, 솔차, 롱 티스푼, 티스푼, 스푼 세트, 크리스탈 꽃병, 슈가 박스, 넥타이, 스카프, 이쑤시개꽂이, 이광재 CD, 포도씨유, 그림 십자가, 크링스 치약, 페리오 치약, 육개장, 새우젓
15	멜라민 쟁반, 고추장 1kg, 2단 바구니, 도자기 국자 세트, 클래식 홀더, 지퍼락(대), 컬러 과도, 올리브유, 해피 바스 세트, 핸드크림, 검정 우산, 간장(대)
20	스포츠 물병 500, 크리넥스, 피죤, 검정 우산, 간장(대), 홍삼 선물 세트, 멸치 액젓, 도브 샴푸
25	뽀삐 롤 티슈, 스포츠 물병 700, 크리넥스, 파우치, 옥시크린 리필, 뚝배기, 피크닉 세트, 가루 녹차, 참깨 맷돌, 티스푼 용기 세트, 퐁듀기, 빵 바구니, 하트 액자, 장미 액자, 독서대, 벽걸이 시계(소), 반찬통, 찬송가

달란트	품목
30	비트, 정리 박스, 내열 냄비(소), 벽걸이 시계(대), 장미 시계, 노란 액자
35	궁중 팬 1224, 데크, 퍼펙트, 테크, 드럼 세제, 면 냄비, 고아라 내의, 초록 테두리 액자, 지혜 액자, 부부 찻잔
40	프라이팬 1222, 비타민 C, 12,000 성경, 허브차 세트, 그린 주전자, 오렌지 프라이팬 세트, 나무 십자가, 국수 냄비, 벽걸이 십자가, 범랑 2종 세트, 선풍기
45	탁상시계 908, 무선 주전자, 벽걸이 십자가(중), 가시 십자가 액자, 면류관 십자가 액자
50	키친아트 프라이팬(26)
55	캐릭터 탁상시계 909, 15,000 성경, 드라이어, 내열 냄비(대), 벽걸이 십자가(대), 우리가액자, 키친아트 프라이팬(28)
60	벽시계 805, 야베스 액자, 항상 액자, 샤이닝 아트 액자
65	여행 가방, 핸드믹서, 양산
70	TPAN-E30(테팔 프라이팬)
80	짤순이, 가죽 성경책
85	테팔 다리미, 필립스 토스터
90	이온 램프
100	웅진 무선 청소기, 켄우드 믹서
120	파워믹서

우리 교회에 적용하기

1 전도대와 같이 교회 내의 전도를 총괄할 수 있는 중심 센터를 마련한다. 전도 사역을 조정할 수 있는 구심점이 없으면 사역이 힘을 잃는다.

2 전도 본부를 통해 전도의 총 진행 상황을 파악하며, 특히 기도가 필요한 곳을 즉각적으로 파악하여 기도의 지원이 미치도록 노력한다.

3 전도 본부에서 일하는 사람은 매우 중요하기 때문에 특별히 훈련을 잘해야 한다. 전도 실무, 중보 기도, 팀워크 다지기와 같은 훈련은 필수다.

10장
부광교회 전단지 샘플

편집부

〈전도 수첩_휴대용 가이드〉

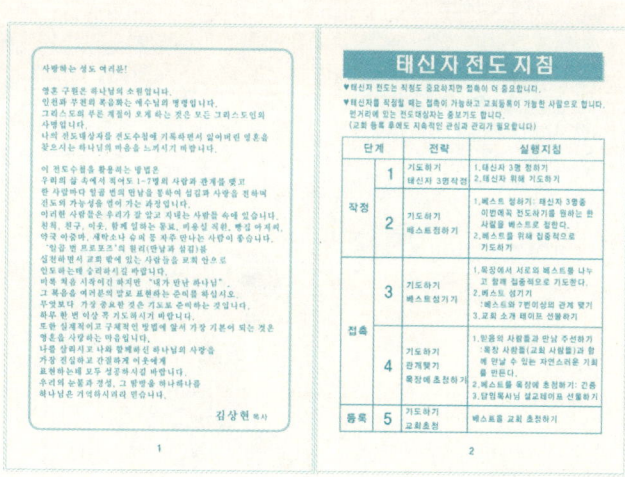

〈전도지 1_복음 제시 및 교회 소개〉

〈전도지 2_문화적 접근 및 교회 소개〉

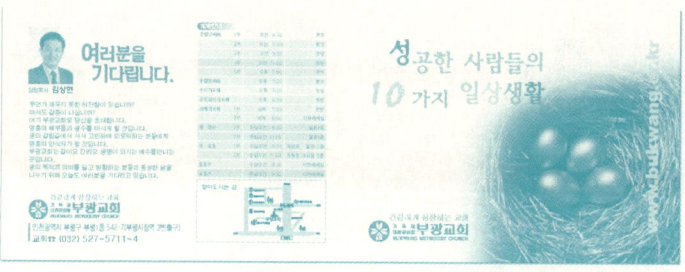

10장 부광교회 전단지 샘플

〈전도축제_각종 홍보지 모음〉

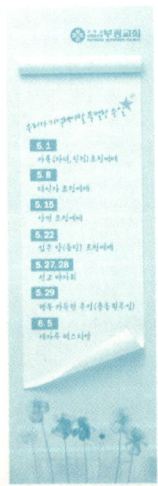

Part 4
핵심 인물 인터뷰

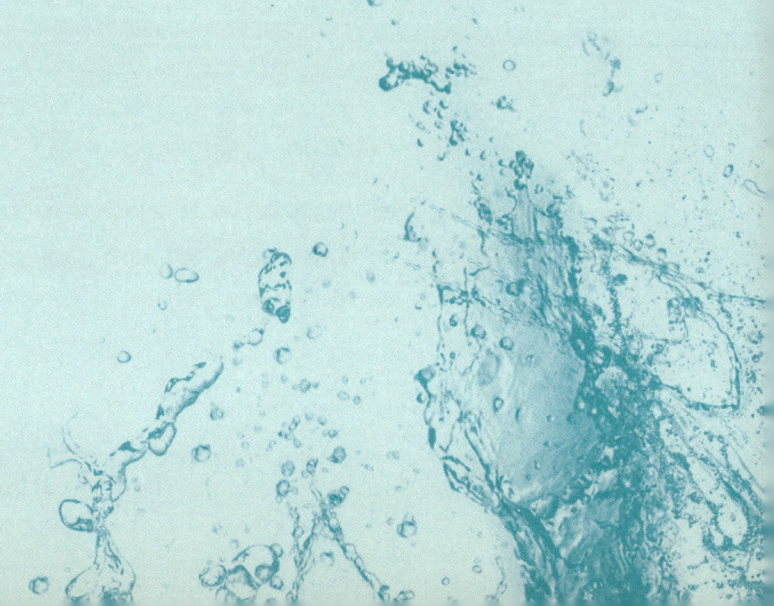

11장

Power 인터뷰! · I

편집부

김상현

감리교신학대학교 졸업

Regent University 졸업

현 부광교회 담임 목사

전도는 은사가 아닌 모든 교인의 사명임을 강조하며 전 교인의 전도 체질화에 앞장서는 부광교회의 김상현 담임 목사로부터 이 땅의 복음화에 대한 소망과 열정을 들어 보았다.

김상현 담임 목사에게 듣는다

그동안 부광교회에서 쌓았던 노하우들을 거의 다 공개했는데, 교회의 재산을 잃어버리는 느낌이 들지는 않는가?

●

그런 생각은 하지 않는다. 첫 번째 이유는 가장 기본적으로 '나눠야 한다. 우리의 것을 같이 나눠야 한다. 지식은 공유하는 것이다.'라고 생각하기 때문이다.

두 번째는 이 땅에 그리스도의 푸른 계절을 실현하는 것은 우리 교회가 혼자 할 수 있는 일이 아니기 때문이다. 우리는 이 지역만 감당할 수 있다. 다른 곳에 하나님 나라를 건설하려면 영적 아군과 모든 것을 공유해야 한다. 그래야 하나님 나라의 건설이 앞당겨질 수 있기에 우리의 노하우를 공개하는 것이 더 좋다고 생각한다.

　세 번째는 다른 교회가 우리의 노하우를 배우는 동안 또 다른 방법을 개발하면서 계속 업그레이드되는 장점이 있다고 보기 때문이다. 시대와 주변 상황은 하루가 다르게 변하고 있기에 한 가지 방법만 계속 사용할 수는 없으므로 효과적인 전도 방법을 계속 개발해야 한다. 그래서 우리 교회의 전도도 매년 달라지고 있다. 그러므로 일단 이미 알고 있는 것은 나누고, 반대로 상대방이 알게 된 부분은 우리가 더 자극을 받아 새로운 시각으로 열심히 전도할 수 있는 계기가 된다고 생각한다.

　네 번째는 이 노하우들을 공개한다고 해도 개교회에서 그대로 쓸 수 있는 것은 아니기 때문이다. 전도를 하면서 느낀 점은, 현장이 다르면 내용도 달라진다는 것이다. 우리에게 좋았다고 해서 모두에게 정석이 되는 것은 아니다. 대신 참고가 될 수 있기 때문에 공개하는 것이 우리에게는 더 발전적인 기회가 될 수 있다.

앞에서 다룬 내용 중에 미흡한 점이 있다거나, 새로 언급하고 싶은 것이 있는가?

● 좀 더 이야기하고 싶은 부분이 있다. '전도에 대한 동기 부여를 어떻게 할 것인가?'라는 문제인데, 이것은 이론적인 것이 아니라 설교와 같은 실제적인 목회 사역들을 통해 설명할 수 있는 것이어서 제대로 다루지 못했다. 교인들의 마음속에 동기 부여를 하는 것은 이성보다는 감성에 호소해야 하는 면이 있기 때문이다.

전도지를 개발하는 방법도 소개하지 못했다. 우리 교회에서 이번에 새로운 전도지를 개발했다. 요즘 교회들은 보통 기존에 이미 나와 있는 전도지만을 사용하는데, 신세대에 맞는 전도지 개발법처럼 광고학을 통해 전도지를 분석해 볼 필요가 있다. 이를 통해 우리 교회가 전

이 땅에 그리스도의 푸른 계절을 실현하는 것은 우리 교회가 혼자 할 수 있는 일이 아니다. 우리는 이 지역만 감당할 수 있다. 다른 곳에 하나님 나라를 건설하려면 영적 아군과 모든 것을 공유해야 한다. 그래야 하나님 나라의 건설이 앞당겨질 수 있기에 우리의 노하우를 공개하는 것이 더 좋다고 생각한다.

도지를 만들어 가는 실제적인 과정을 함께 나누고 싶다.

전도 메시지에 대해서도 충분히 전하지 못했다. 전도 메시지는 다양한 내용을 함축하여 만드는 것이 좋다. 왜냐하면 C.C.C.가 사용하는 방식이 따로 있고, 글 없는 책이 사용하는 방식이 따로 있듯이 여러 단체별로 그 양상이 다르기 때문이다. 그러면서도 잘 살펴보면 공통적인 맥락이 있다. 신바람 전도법이나 케네디 목사의 전도 폭발을 보면 내용이 상당히 다양하지만 큰 줄기는 역시 비슷하다. 그런데 대부분의 목사들은 다른 것을 그대로 받아서 쓰고 있다. 기본적인 흐름을 안다면 열 개 남짓한 성경 구절만으로도 전도 메시지 전달 방법을 개발할 수 있는데 그것을 못하는 것이다. 물론 그것이 원칙은 아니지만 목사들이 관심을 가져야 할 분야라고 생각한다. 예를 들어 교인들이 '무슨 무슨 구절만 암기하면 전도할 수 있다.'라는 자신감만 있으면 실제로 전도하러 나가는 것이 쉬워지는 것처럼 말이다.

그리고 그 외에 전도 방법론, 전도법 등도 다루지 못했다.

위에 언급한 내용 중에서 한두 가지 정도 보충 설명을 한다면?

● 전도지를 만들 때 일반적으로 기존에 나와 있는 전도지를 쓰곤 한다. 개성 있는 전도지, 자기 교회나 지역에 맞는 전도지를 못 만들고 있다는 것이다. 전라도에서 감리교회 목회를 할 때의 일이다.

그곳에서는 전도지를 만들 때 '이희호 여사'를 이용했다. 경상도, 전라도에서는 이단이라는 소리를 들을 정도로 감리교가 접근을 잘 못하지 않는가? 그런 상황에서, 본질은 예수를 소개하지만 접촉점을 찾는 것에는 다른 접근 방법이 있다는 뜻이다. 즉, '이희호 여사'가 감리교 장로라고 하면 '어, 그분은 영부인이시잖아.'라고 인식되면서 '그럼 문제가 없겠네.' 하는 접촉점이 가능해진다는 것이다.

그래서 우리 교회 전도지는 이준 열사, 유관순 여사와 같은 인물들이 민족사에서 어떻게 사명을 감당했는지를 소개하면서 그런 접촉점들을 통해 접근하고 있다. 또 젊은 세대에게는 가수 '자두'가 감리교인이라는 것을 통해 접촉점의 문제를 풀어 갔다. 대부분 속의 내용만을 생각하는데, 쓴 약을 먹이기 위해 겉에 단맛을 입히는 것처럼 접촉점을 효과적으로 사용하는 것이 필요하

신바람 전도법이나 케네디 목사의 전도 폭발을 보면 내용이 상당히 다양하지만 큰 줄기는 역시 비슷하다. 그런데 대부분의 목사들은 다른 것을 그대로 받아서 쓰고 있다. 기본적인 흐름을 안다면 열 개 남짓한 성경 구절만으로도 전도 메시지 전달 방법을 개발할 수 있는데 그것을 못하는 것이다. 물론 그것이 원칙은 아니지만 목사들이 관심을 가져야 할 분야라고 생각한다.

다. 그런데 문제는 목회자들이 이렇게 세대에도 맞고 지역에도 맞는 접촉점을 찾아내는 방법을 모른다는 것이다. 그런 이유로 결국 개성이 없는 천편일률적인 전도지가 사용되고 있다.

우리 교회는 예를 들어 연예인 혜은이 씨가 장년층이나 노년층에게 맞는 접촉점이라면 거기에 맞는 전도지를 개발한다. 또 교회에 대한 거부감을 줄이기 위해 우리 교회의 이름만 넣지 않고 우리 지역의 감리교회를 소개하는 전도지를 만들었다. 교회가 이기적이지 않다는 이미지를 심어 주어 전도하지 못하는 교회가 있어도 우리 교회가 전도하면서 '우리 지역에 이런 교회가 있구나.'라고 소개하는 것이다. 이것은 믿지 않는 사람들이 볼 때 특정 교회를 강조하는 이미지는 없고 예수의 이야기만 부각되는 효과가 있다. 이런 방법을 통해 거부감이나 적대감을 가지는 사람들의 마음의 벽을 허물게 되기도 한다. 이처럼 전도지 개발법이란 특별한 기술이 필요한 것이 아니라 이런 접촉점을 계속 생각해서 상황과 시대에 맞는 전도지를 개발하는 것이다.

전도 체질의 가장 중요한 포인트는 무엇이라고 생각하는가?

● 결국 체질이라고 하는 것은 신앙인의 도리, 의무, 본분을 통해 전도라는 것을 느끼게 만드는 것이다. 기독교인이라면 '목사든 장로든 평신도든 상관없이 전도는 당연히 해야 하는 것이다.'라고 느

끼는 것이 바로 체질이다. 그래서 첫째는 당연함, 즉 당연성을 인식하게 만들어야 한다.

둘째로는 당연성을 느낄지라도 그것이 어렵고 부담스럽다면 체질이 될 수 없기 때문에 쉽다고 느끼게 만들어야 한다. 다시 말해 '당연함'에 따르는 부담감을 수월함, 즉 수월성으로 인식시켜야 한다. 수월성을 인식시키는 중요한 방법은 '전도는 결코 실패가 없다.'라는 의식을 갖게 만드는 것이다. 왜 실패가 없냐고 할 때는 농사법을 활용한다. 씨를 뿌렸으나 열매가 없다 할지라도 씨를 뿌린 그 자체가 성공이라고 생각하는 것이다. 오늘 당장 거둔 것이 없어도 실패라고 생각하지 말고 '씨를 뿌리고 물을 준 것이 이미 성공한 것'이라는 생각을 갖도록 말이다. 그렇게 하면 의식적으로 수월함을 느낄 수 있다.

셋째로 행동의 수월함을 실제로 보여 준다. 그 사실을 보여 주려면 스스로 해봐야 한다. 한 방법으로 계란 전도를 시도해 보았다. 성도들에게 계란을 주고 그들과 함께 거리로 나가자 성도들의 마음에 '사람들이 계란을 받고 복음을 듣는구나.'라는 생각이 들게 되고, 이런 생각들이 자꾸 쌓이면 바로 이것이 체질화가 된다. 또 무엇보다 중요한 것은 교회의 첫 번째 관심이 복음 전도가 되어야 한다는 점이다. 교회는 사랑도 실천하고 이것저것 다 해야 하지만 일단 기본적으로 생각나는 것이 '전도'가 되도록 체질화해야 한다.

마지막으로 체질은 특별 기간 동안 만들어지는 것이 아니라 365

일 매일의 일상 속에서 만들어지는 것임을 명심해야 한다. 운동도 많든 적든 매일 해야 체질이 된다. 공부도 벼락치기보다는 매일 습관적으로 해야 체질이 되고 효과를 본다. 그런데 전도를 벼락공부하는 식으로, 또 벼락운동하는 식으로 하기 때문에 '특별 기간'이 되고 만다. 우리 교회는 특별 기간이 있는 것같이 느끼면서 365일 전도를 한다. 다른 것이 체질이 아니라 365일 매일 하는 것이 체질이다.

정리해 보면 전도 체질의 가장 중요한 포인트는 당연함, 수월함, 일차적 관심, 총체적 관심이면서 상시성이라고 생각한다.

직접 전도를 하던 중 기억에 남는 에피소드가 있다면?

●

부광교회에서 가장 기억에 남는 것은 부평시장역에서 계란 전도를 할 때의 일이다. 한참 전도를 하고 보니 우리 교회 교인이었다. 계란을 받고 올라가면서 "목사님, 저 부광교회 다녀요."라고 말하는 것이 아닌가. 그래서 "왜 계란을 받았나요?"라고 물었더니 어떻게 하는지 보려고 받았다고 한다. 종종 그런 식으로 교인들을 다 알지 못해서 생기는 에피소드가 있다.

한번은 우리 교인이 내 아들에게 전도를 한 적이 있다. 우리 교회 청년이 전도의 바람이 불어 길에서 전도를 하던 중 마침 그곳을 지나던 우리 아들을 붙잡고 한참 '부광교회에 나갑시다.'라고 부르짖

한번은 우리 교인이 내 아들에게 전도를 한 적이 있다. 우리 교회 청년이 전도의 바람이 불어 길에서 전도를 하던 중 마침 그곳을 지나던 우리 아들을 붙잡고 한참 '부광교회에 나갑시다.'라고 부르짖은 것이다. 아들놈은 아버지가 목사인데도 전도를 안 하는 자신이 부끄럽고 죄송하기도 해서 아무 말도 못하고 집에 와서는 "아빠, 우리 교인들이 완전히 바뀌었나 봐요."라고 털어놓았다.

은 것이다. 아들놈은 아버지가 목사인데도 전도를 안 하는 자신이 부끄럽고 죄송하기도 해서 아무 말도 못하고 집에 와서는 "아빠, 우리 교인들이 완전히 바뀌었나 봐요."라고 털어놓았다. 영문을 몰랐던지라 왜 그러냐고 물었더니 우리 교인이 자기를 붙잡고 전도를 하는데 이래저래 해서 사실대로 말하지 못하고 그냥 나간다고만 했다는 것이었다. 이제 교인들이 길에서 목사 아들까지 붙잡고 전도를 하니 감사할 일이 아닐 수 없다.

전도 체질 교회의 앞으로의 비전은 무엇인가?

●

부임 처음부터 교인들에게 강조했던 점은 우리 교회가 자극이 되기를 바란다는 것이었다. 지금은 우리 교회의 이야기가 동기를 부여하여 주변 교회들이 길에 나와 전도하는 것을 흐뭇하게 바라보고 있다. 우리 교회가 아무리 커진다 해도 한국 전체를 다 전도할 수는 없다. 그러므로 한국 그리고 세계의 복음화를 위해 이 땅의 교인들이 전부 길에 나올 수 있기를 기도한다. 교회들끼리 서로 경쟁적이라 할지라도 말이다.

두 번째 비전은 우리 교회가 새로운 전도 방법의 개발에 앞장서는 것이다. 우리 교회의 목표가 '너 유다 지파여 선봉에 서라!'인데 유다가 앞장서면 다른 사람은 다 따라오게 되지 않겠는가. 새로운 전도 방법론과 국내외에 있는 기존의 것들을 참고하여 전도의 노하우를 계속 새롭게 하며 우리 교회가 그 중심에 서기를 바란다. 우리 교회가 새로운 방법들을 계속적으로 집대성하고 확산시켜 나가는, 그리고 실제로 실천하는 선봉 역할을 하고 싶다.

세 번째 비전은 우리 교회뿐만 아니라 모든 목사들도 전도 체질이 되는 것이다. 요즘 목사들과 함께 전도를 하고 있는데, 지하철역에 100여 명 정도 나오고 있다. 그들이 움직이면 교회는 저절로 따라오게 되므로 200~300명 정도만 역에 나와서 전도를 해도 엄청난 반향이 될 것이다. 그래서 요즘 7, 8개의 지하철역에서 둘째 주 월요일만 되면 목사들이 나와 전도를 한다. 가을부터는 남성 장로들이 나가게 될 예정이고, 그렇게 되면 점차적으로 전체가 전도 체질로 바뀌게 될 것이다.

● **마지막으로 모든 목회자들에게 하고 싶은 말이 있다면?**

두 가지를 말하고 싶다. 첫째는 교회가 하나님이 원하시는 본질로 돌아가야 한다는 것이다. 지금 한국 교회는 전체적으로 10년간 침체되었다는 이야기를 듣고 있다. 이런 문제를 해결할 수 있는 성경이 말하는 방법은 앉아서 기다리는 것이 아니라 '찾아가는' 것이다. 기독교 인구가 10년 만에 18만 명이 줄었다는 안타까운 사실을 알고 있는가. 여러 가지 원인이 있겠지만 가장 근본적인 것은 성서적으로 볼 때 밖으로 나가지 않았다는 점이다. 어떠한 사회적 원인이 있을지라도 그와 상관없이 결론은 '나가지 않았다.'라는 것이다. 나가는 체질로 바꾸면, 또 길에 나가서 해보면 느끼는 것이 많아진다.

둘째는 실질적으로 목회자가 전도를 이끌어야 한다는 것이다. 성도들 앞에서 전도하라고 말만 할 것이 아니라 그것을 할 수 있도록 이끌어 주는 것이 목사가 할 일이다. 그렇게 할 때 한국 교

회에도 새로운 가능성이 생길 것이다. 만약 목사들이 전국의 목회자의 10분의 1인 1천 명만 길거리에 나가도 교인들은 저절로 따라나설 것이다. 목사가 한 달에 한 번만 나가도 그 교회 교인들이, 장로들이 안 나갈 수 없을 것이라는 뜻이다. 그렇게 되면 이론을 넘어선 실천을 통해 교회들의 체질이 쉽게 바뀔 수 있다.

결론은 이렇다. 아무리 좋은 이론을 제시해도 목사가 나가지 않으면 교인들도 나가지 않는다.

이 두 가지가 한국 교회에 이루어진다면 교인들은 저절로 따라가게 될 것이고 거기에 과학적인 전도 방법을 잘 활용하면 효과적인 결과가 나타날 것을 믿는다.

12장
Power 인터뷰! · II

편집부

손지민
감리교신학대학교 졸업
감리교신학대학원 졸업
현 부광교회 전도·정착 담당 부목사

부광교회에서 전도와 정착을 담당하고 있는 손지민 목사를 만났다. 손 목사는 전도 중심형 교회가 되기 위해서는 전도가 체질화될 때까지 지속적인 관심과 확신으로 성도들을 이끌어야 한다고 강조한다. 손 목사가 말하는 전도 현장과 프로그램에 대해 들어 보았다.

손지민 전도 담당 부목사에게 듣는다

먼저 본인 소개를 한다면?

●

1994년에 여주의 농촌 교회에서 목회를 시작했다. 동네 주민들이 150명 정도 되는 작은 마을에서 교인 세 명과 개척을 했다. 처음에 그 마을에서 귀신이 나온다는 빈집을 빌려 시작하게 되었는데, 어려움도 있었지만 하나님의 은혜로 10년 정도 지난 후 자립을 하게 되었다.

농촌의 미자립 교회로는 드물게 동네 사람 40여 명을 전도하고 대지를 구입하여 교회 건물도 건축해서 교회가 안정되었다. 그런데 동네 사람들이 너무 친밀해져서 아주 작은 일까지 모두 알게 되는 그런 사이가 되었고, 안정적인 생활이 계속되고 변화가 없자 스스로 나태해지는 모습을 보였다. 아는 선배들이 가장 좋을 때 떠나는 것이 낫겠다고 이야기하는 것을 듣고 부흥을 사모하는 마음을 품었을 때, 익산에서 지금의 담임 목사님을 만나게 되었다. 목사님이 익산에서 부광교회 담임 목사로 올 때 나를 불러 함께 부평으로 오게 되었다. 그렇게 2004년부터 부광교회에서 사역을 시작하여 지금까지 계속 전도와 정착을 담당하고 있다.

● **부광교회에서 바로 전도를 담당하게 되었는데, 그 이전부터 준비를 해왔는가?**

농촌에 있을 때 전도하는 방법은 무조건 잘해 주는 것이었다. 노인들께 식사를 대접하고, 모시고 여행하고, 아이들에게 공부를 가르치는 것 정도였다. 그러나 여기서는 현장 전도를 하게 되었다는 것이 가장 큰 차이점이다. 담임 목사님을 만나면서 구체적으로 전도에 대해 알게 된 것이다. 그 전에는 이론 없이 교회를 부흥시키겠다는 일념만으로 전도를 한 것이고, 여기서는 현장 전도를 하게 된 것이다.

전도에 특별히 관심이 있었던 것은 아니고, 전도 담당 목사가 되어 현장을 접하다 보니 자연스럽게 나 자신도 성장하게 된 것 같다. 전도 담당 목사가 된 후부터 한 영혼을 더욱 사랑하게 되었고, 하나님 아버지의 마음도 갖게 되었다. 현재 전도에 대한 강의를 많이 하고 있는데, 전도에 대해 뛰어난 재능이 있어서가 아니라 가장 최전선의 현장에서 전도를 하고 있기 때문에 불러 주는 것이라고 생각한다.

이론을 공부해도 현장에서 전도를 하기가 어렵다는 이야기를 많이 듣는다. 이론과 현장의 차이를 줄이는 방법은 무엇인가?

• 처음에는 전도 축제를 많이 다녔다. 그런데 전도는 현장에서 수많은 영혼들을 만나면서 노하우가 쌓이고 이론이 생기는 것이다. 그때 비로소 현장감이 생긴다. 책은 참고 사항이며 전도 이론들도 현장에서 만들어진다. 그래서 현장이 먼저다. 내가 강의하는 것도 이론이지만 그것은 현장에서 만든 이론들이다. 전도는 이론이 아니라 하나님 아버지의 마음을 가지고 하는 습관이자 체질이다. 그것을 실제화해야 하는 것이다. 전도는 하나님의 마음을 가지고 습관과 체질로 만드는 것이다. 그것은 배워서만 되는 것이 아니다. 현장에서 직

전도에 특별히 관심이 있었던 것은 아니고, 전도 담당 목사가 되어 현장을 접하다 보니 자연스럽게 나 자신도 성장하게 된 것 같다. 전도 담당 목사가 된 후부터 한 영혼을 더욱 사랑하게 되었고, 하나님 아버지의 마음도 갖게 되었다.

접 체험해야 한다. 그럴 때 성도들이 이해할 수 있고 다가갈 수 있다. 하나님의 마음을 품고 같이 전도하기 때문에 반응이 빠르고 잘 되는 것이다.

어떤 일이든지 뼈대가 있어야 한다. 전도를 할 때의 뼈대는 하나님 아버지의 마음이다. 일단 그 뼈대가 있다면 다양한 전도 방법 중에서 어떤 방법을 사용하든지 간에 체질화하면 된다. 앞에서도 말했듯이 전도는 방법이 아니라 습관과 체질이다.

목사들은 단기간에 결실을 맺으려고 한다. 어떤 성도들은 이렇게 말한다.

"열심히 전도해도 잘 안 되지 않습니까?"

그러나 이렇게 수많은 저항 속에서도 된다는 확신을 가지고 지속해야 한다.

우리 교회가 전도를 시작할 때에도 어려움이 많았지만 담임 목사님의 전도 마인드에 부교역자들이 마음을 다해 따라가니까 되는 것이다. 현재 부광교회는 한 해에 청장년을 합쳐 약 1천 명 정도가 전도되고 있다. 그런데 거리에서 전도하면 결신이 50%가 안 되고, 관계 전도에서는 70~80% 정도의 높은 정착률을 보이고 있다. 시간이 갈수록 전도자들의 숫자가 늘어난다. 전도된 사람의 숫자가 아니라 전도자의 숫자가 늘어난다. 이렇게 해서 성도들이 전도자로 살게 된다. 물론 전도된 사람의 숫자도 줄지는 않는다.

전도를 시작하기 위해 가장 먼저 준비해야 할 것은 무엇이며, 또 구체적인 방법은 무엇인가?

● 다시 말하지만 전도는 방법이 아니라 습관이고 체질이다. 예를 들어 자전거를 가지고 있어도 타보지 않으면 운전법을 배울 수 없다. 자전거에 대해 아무리 많이 공부하고 연구해도 이론만으로는 탈 수 없듯이, 전도에 대해서도 세미나와 은혜 받는 것이 중요하긴 하지만 현장에 나가 직접 해봐야 비로소 전도할 수 있다.

전도를 시작했다면 전도를 할 때 가장 중요한 것이 무엇인가를 생각해 보자.

우리 교회의 경우는 전도대다. 전도대는 지나가는 사람들에게 말만 전하고 끝내는 것이 아니라 사람들을 결신시키고 예수님을 믿도록 고백하게 한다. 예수님이 여기저기 다니면서 전도하셨듯이 그분을 따라 전도하는 것이다.

그리고 전도는 체질이므로 매 주일 나가서 부딪히면 자연스럽게 체질이 된다.

전도는 세 가지가 습관이 되어야 한다. 먼저 전도를 통해 '말의 습관', '행동의 습관'이 생긴다. 더불어 '메시지의 습관'이 필요한데 이것은 다소 훈련이 필요하다. 우리 교회에는 전도 학교가 있는데 8주 동안 메시지를 집중적으로 훈련한다. 이렇게 세 가지 습관화를 통해 더욱더 좋은 전도자가 되어 간다.

전도 사역을 해오면서 기억에 남는 일이나 어려움이 있었다면?

●

부광교회는 60년이 넘은 오래된 교회였는데, 그 교회를 전도 체질화하기 위해 담임 목사님을 보좌하면서 느낀 것이 있다. 그것은 교인들이 처음부터 전부 다 전도를 좋아하는 것은 아니라는 것이다. 오히려 전도를 힘들고 어려워한다. 목회자가 이런 교인들을 훈련하고 권면하면서 체질화시키는 것은 어려운 일이다. 우리 교회도 전도 중심으로 바뀌어 가면서 고충이 많이 있었지만 목회자들이 물러서지 않고 끊임없이 권면할 때 성도들이 체질화되는 것을 보았다. 점차 수용하고 기쁨으로 받아들인 것이다. 모든 사람이 전도를 좋아하는 것은 아니지만 끝까지 그 사람들을 잘 권면해서 끌고 가는 것이 중요하다.

아쉬운 점은, 한국 교회가 전도하는 것을 중요하게 생각하고 또 많이 하는데도 불구하고 실제로 결실이 없으면 금새 실망한다는 것이다. 우리 교회는 달란트 축제를 열어 전도 현장에 나가는 성도들에게 달란트를 준다. 그런데 전도를 많이 해서 데려올 때마다 달란트를 주는 것이 아니라 전도 현장에 나갈 때마다 그 사람에게 달란트를 준다. 이는 전도 현장에 나가는 사람을 더 대접해 주는 것이다. 이렇게 자연스럽게 전도 체질화하면서 전 교인이 전도자가 되어 가는 과정에 들게 된다. 그래서 전도가 연중행사가 아니라 1년 내내 해야 하는 교인의 사명으로 자리 잡아 간다. 달란트를 가지고 우리 교회는 달란트 축제를 열어 전도 현장에 나가는 성도들에게 달란트를 준다. 그런데 전도를 많이 해서 데려올 때마다 달란트를 주는 것이 아니라 전도 현장에 나갈 때마다 그 사람에게 달란트를 준다. 이는 전도 현장에 나가는 사람을 더 대접해 주는 것이다.

있는 성도들에게는 달란트 시장을 열어 물건으로 바꾸어 주는 행사를 하고 있다. 아주 획기적이라고 생각한다.

또 하나 느낀 것은 그동안의 전도가 목회자 중심이었다는 것이다. 부광교회는 교역자에 비해서 교인들이 너무 많았다. 처음에 교구도 담당하고 전도도 하려니 너무 힘들어서 전도 본부를 만들게 되었다. 이는 평신도들이 운영하는 본부다. 담임 목사님은 나를 관리하고, 나는 전도 본부를 관리하고, 전도 본부는 전도대를 관리한다. 실제로 목사가 전도 본부의 사람들을 훈련하고 붙잡고 있으면 그 사람들이 수많은 전도대를 관리하게 되므로 목사가 수많은 전도대를 관리할 수 있는 노하우가 생긴다. 과거에는 목사가 하나하나 모두 이끌어야 했는데 지금은 평신도가 전도의 전면에 서게 된다. 목회자 중심의 전도 사역이 평신도 중심의 전도 사역으로 전환된 것이다.

모든 목회자가 평신도를 동역화하고자 하지만 어려움을 많이 토로한다. 평신도들을 어떻게 이끌고 훈련하는가?

● 안 된다는 고정 관념을 깨고 기다려 주어야 한다. 맨 처음에 전도 세미나를 열고 목회자들을 초청했을 때, 전도사님에게 안내를 맡기자고 하는 것을 내가 반대했다. 안내와 같은 작은 일 하나부터 모든 것을 평신도에게 맡기기 위함이었다.

안내지를 만들 때에도 컴퓨터를 사용해야 하는데 처음에는 사용법을 모르는 사람이 많았다. 그래서 대학생들을 데려와서 컴맹인 평신도에게 일대일로 컴퓨터를 가르쳤다. 이제는 컴퓨터를 못했던 여성도들도 메일을 보내는 등 실력이 많이 늘었다. 지금의 30~40대 여자 성도들은 전부 고등학교 졸업 이상의 학력이기 때문에 조금만 훈련을 해도 됐지만 그렇지 못할 경우에는 최소한 2~3년이 걸린다. 그 시간을 기다려 주어야 한다.

두 번째로 평신도를 사역의 대상으로 보지 않는다. 우리 교회는 평신도 전도 사역자들이 일주일에 한 번 모이는데 1년에 책을 20권 정도 읽는다. 그냥 읽고 끝나는 것이 아니라 책의 내용을 요약할 정도로 자세히 읽고 공부한다. 그들에게 사역 훈련을 하지 않으면 사역할 수 없음을 이야기한다. 전도는 훈련이 먼저이고 사역은 그다음이다. 그 사람들에게 동기를 심어 주기 때문에 움직이게 되는 것이다. 문제점을 하나 들자면 여자 사역자들은 팀 사역이 잘

안 된다는 것이다. 혼자 집안일을 해왔기 때문에 조화가 어렵고 질투가 많아 갈등이 생긴다. 이 문제도 계속 훈련을 해서 지금은 많이 해결되었다. 맨 처음에는 팀장을 세우는 것도 어색했는데 지금은 자연스러워졌다. 계속 훈련을 하니까 되는 것이다.

안타까운 점이 또 하나 있다. 다른 목사들이 내게 전화를 해서 전도에 대해 듣고 싶다고 하는데, 잘 만나지 않는 편이다. 첫째 이유는 나 스스로 전도에 대해 거창하게 부풀릴 수 있기 때문이다. 둘째는 자꾸 자료만 달라고 요구하기 때문이다. 셋째는 빠른 시간 안에 해결책을 요구하기 때문이다. 그러나 전도 중심형 교회가 되기 위해서는 최소한 3년이 필요하다. 많은 목사들이 단기간에 전도를 하려고 하는데, 그보다는 인내를 가지고 평신도를 기다려 주어야 한다. 우리 교회의 전도대는 결코 고학력이 아니다. 그러나 훈련만 하면 누구든 잘할 수 있다. 여자 성도들은 믿음과 영성은 있는데 전산이나 행정에 있어 취약한 면이 있다. 그러나 그런 것들도 훈련을 하면 된다.

사역 훈련은 성경 공부 위주가 아니고 책을 위주로 한다. 예수전도단, 조이선교회의 책과 조용기 목사님의 『행복을 주는 생각, 믿음, 꿈, 말』도 다 읽었다. 그런 과정을 통해서 주부들도 변화되었다. 나는 확신이 있다. 처음에는 상대방의 뜻을 이해하지 못하는 것 같은 사람들도 시간이 지나면 서서히 깨닫게 된다. 개척 교회의 경우에도 많은 전도대원이 필요한 것이 아니라 5, 6명이면 충분하다. 우리 교회는 전도대를 운영하고 관리하는 전도 본부 대원이 14명 정도 되는데 그것도 전도 세미나를 진행하기에 많이 둔 것이다. 큰 교회도 여섯 명 정도로 이루어진 전도 본부를 두면 가능하다.

그 밖에 전도의 현장에서 겪는 어려움에는 어떤 것들이 있는가?

●

특별히 어려운 점은 잘 모르겠다. 전도의 어려움은 전도를 하는 모든 사람이 똑같이 겪는 것들일 것이다. 전도의 이론이 전도의 현장 속에 그대로 적용되지는 않는다.

메시지를 전할 때 "안녕하세요. 예수 믿으세요." 하면 "시간 없어요." 하고 휙 지나간다. 그러면 이론을 전혀 사용할 수가 없다. 가장 어려운 것이 있다면 나를 비롯해 많은 성도들이 고민하기를 이론 외의 문제들을 어떻게 대처하느냐 하는 것이다. 전도라는 것은 늘 상황이 다르다. 어떤 때에는 술 취한 사람이나 욕 하는 사람을 만날 수도 있다. 그럴 때마다 자신감을 가지고 권면해야 한다. 전도는 누구나 할 수 있다.

이제까지 전도의 체질화의 중요성에 대해 이야기했는데, 그 과정에서의 어려움은 어떻게 극복했는가?

●

가장 어려운 것은 영적인 것이었다. 3년 내내 쉬지 않고 뛰었다. 그런데 문제는 전도하는 기술이 아니라 내 마음속의 영성이었다.

한 영혼을 위해 기도하며 눈물을 뿌리지 못하는 영성이 문제가 되었다. 교인들은 눈물을 뿌리는데 나는 덤덤하다. 교회를 성장시키기 위해 전도를 하는지 하나님을 위해 전도를 하는지 헷갈릴 때가 있었다. 담임 목사님께 말씀드려서 개인적으로 예수전도단에서 훈련을 받는 시간을 가졌다. 그때 하나님 아버지의 마음을 깨닫게 되었다. 아버지 마음의 부으심을 체험했다. 정말 힘들었던 것은 하나님 아버지의 마음을 몰랐을 때다. 전도에서 가장 중요한 것은 아버지의 마음이다. 그 전에는 체질이라고 생각했는데 이제 강조점이 양 날개로 변했다. 체질도 아버지 마음으로 변한 체질이어야 한다.

영적인 침체에 빠졌을 때 나는 목사의 마음이 아닌 아버지의 마음으로 전도해야 한다는 것을 알게 되었다. 성도들은 나를 모르지만 하나님은 나를 아시기 때문이다. 위선이 될 수도 있다. 육체적인 것은 견뎌 낼 수 있는데 영성이 없는 것이 가장 힘들었다. 그러나 훈련도 받고 울부짖으면서 내적 치유를 받게 되었다.

현재 본인의 사역 가운데 초기와 달라진 점이 있다면?

● 초기에는 무조건 현장으로 나갔다. 그러나 지금은 세밀하게 메시지를 가지고 나간다. 맨 처음에는 메시지까지 준비하려면 시간이 지연되어 토양 작업을 거치지 않고 무조건 나가서 전도지를 나누어 주었다. 그래서 나가는 것에는 두려움이 없어졌는데 복음의

메시지에 말문이 막혔다. 교인들이 메시지의 필요를 느껴 전도 학교를 만들게 되었다. 전도 폭발 훈련은 상당히 어려운 면이 있는데, 우리 교회 전도 학교의 특징은 우리나라 전도의 주동력인 40~60대 여자 성도들에게 맞는다는 것이다. 너무 즐거워한다. 이제 다 밖으로 나갈 수는 있는데, 앞으로는 천천히 가더라도 훈련하면서 사람들을 붙잡고 메시지를 전할 수 있도록 변화해야 한다.

그리고 이제는 전도 본부가 생겨서 목회자가 다른 일을 하고 있어도 평신도 사역자들이 전도를 하고 보고만 받으면 된다. 처음에는 내가 전도지도 만들고, 물건도 사고 다 했는데 그것이 달라진 것들이다.

많은 교회가 전도는 하지만 실제로 성과가 나타나지 않는다고 하는데 어떤가?

전도대가 노방 전도를 하는 것 자체도 중요하지만, 더 중요한 것은 매주 전도를 나가는 것이다. 전도를 나갈 때 거룩한 부담감을 갖는 것이 중요하다. 만약 1천 명이 전도된다고 하면 거리에서 100명이 되고 900명은 관계 전도다. 현장에서 배운 것이 생활 속에서 자연스럽게 관계 전도가 되는 것이다. 전도 현장에 나가지 않고 생활에서 전도하면 되지 않냐고 하는데 생활을 아무리 잘해도 "예수 믿으세요."라는 말과 행동이 습관이 되지 않으면 곤란하다. 평소에 체질이 되는 말을 해야 하는 것이다.

관계 전도도 마찬가지다. 전도대의 목적은 등록에 있지 않다. 관계 전도는 거룩한 부담감을 갖는 생활 속에서 이루어지는 것이다. 사람들이 "우리 교회는 왜 전도가 안 될까?"라고 하는데, 이는 교인들이 전도 체제가 되지 않아서 그렇다. 체질화가 되면 자연스럽게 돌아가는데 인위적으로 만들려고 하니까 안 되는 것이다. 일반 교인들은 한두 번 해서 안 되면 포기하기 때문에 어려움을 겪는다. 그렇게 하지 말고 전도에 대한 체질화를 이루고 거룩한 부담감을 가지면 자연스럽게 전도가 된다. 관계 전도에 대한 훈련을 따로 안 해도 전도 체질화가 되면 등록이 되는 것이다.

교회는 사회봉사를 통한 이미지 전도에 대해서도 많은 이야기를 한다. 나는 전도 현장에만 관여하지만, 우리 교회는 사랑 실천도 많이 한다. 실제로 교회에는 전도 예산보다 노인 대학 예산이 더 많다. 그 밖에 행복한 사람들(무료 급

> 영적인 침체에 빠졌을 때 나는 목사의 마음이 아닌 아버지의 마음으로 전도해야 한다는 것을 알게 되었다. 성도들은 나를 모르지만 하나님은 나를 아시기 때문이다. 위선이 될 수도 있다. 육체적인 것은 견뎌 낼 수 있는데 영성이 없는 것이 가장 힘들었다. 그러나 훈련도 받고 울부짖으면서 내적 치유를 받게 되었다.

식), 다문화 가정 지원 등을 통해 사회에 감동을 준다. 이런 봉사들이 수없이 많아서 교회의 이미지에는 큰 도움이 되지만, 부광교회의 경우 실제로 그것을 통해 교회에 등록하는 사람들은 그리 많지 않다. 한국 교회가 이미지 전도를 하는 것도 좋지만 봉사의 측면 외에 전도의 성과를 기대하는 것은 어려운 것 같다.

의사 결정에 있어 담임 목사님과의 관계는 어떠한가?

● 내가 이야기하는 것은 거의 다 허락하신다. 목사님은 중요한 것만 확인하신다. 목회 방침 중 하나가 '총동원 주일 하지 않는다. 선물 주지 않는다.'이다. 그것 외에는 대부분 들어주신다. 선물을 주면서 사람들을 한꺼번에 데려오는 것은 하지 않는다. 그 밖에 계획을 세우면 읽어 본 후 거의 통과시키신다. 우리는 총동원 주일을 하지 않는데, 매주 15~20명이 들어오기 때문에 할 필요가 없다. 전도 체질화로 인해 할 필요가 없는 것이다. 총동원하려면 많은 재정이 필요한데 그렇게 하지 않고 들어오게 되면 5주 새 가족 공부를 하고 성장반을 거치게 된다. 목회자가 아무리 열심히 해도 정착을 하지 못하면 나가 버리기 때문에 먼저 소그룹에서 흡수할 수 있도록 신경을 쓰고 있다.

부교역자로서 담임 목사님과 성도들 사이에 어떤 자세가 중요하다고 생각하

는가?

- 부교역자는 담임 목사님의 영적 권위에 순복해야 한다. 안건을 올려도 세 번 이상 아니라고 하시면 더 이상 미련을 두지 않는다. 그리고 교회 안에서 성도들에게 필요하지만 듣기 싫은 말을 해야 한다면 부교역자가 하고, 칭찬이나 좋은 말은 담임 목사님이 하시도록 해야 한다. 이유를 설명하기는 어렵지만 그런 유기적 관계가 잘되어 있어야 한다. 담임 목사님의 마인드에도 잘 맞춰야 한다. 또한 부목사지만 담임 목사의 마인드를 가지고 있어야 한다. 담임 목사님의 영적 권위에 순복하지만 담임 목회의 마인드를 가지고 내 일처럼 열심히 해야 한다.

김 목사님의 특징은 부목사들이 알아서 하는 것을 원하신다는 것이다. 그래서 어떤 프로젝트를 추진하다 보면 실패하더라도 별 말씀을 안 하신다. 실패하더라도 배울 점이 있다는 뜻일 것이다. 그러나 그 모든 것은 담임 목사님이 진행하시는 것이다. 부목사가 아무리 좋은 아이디어를 내도 담임 목사님이 받아 주지 않으면 진행하지 못한다. 결과적으로 담임 목사님이 그것을 진행하시는 것이므로 모든 것에는 그분의 마인드가 중요하다. 그런 점에서 나는 참 행복하다. 목사님께서 전도 마인드를 갖고 있기에 내 전도에 대한 일들을 거의 통과시키고 이해해 주시기 때문이다. 지금도 내가 맡은 전도를 위해 끊임없이 공부하고 있으며, 새롭고 좋은 곳이 있으면 바로 가본다. 가서 배우면서 어떻게 적용시킬지 연구한다. 그리고 항상 전도에 대해 끊임없이 생각한다.

현재 한국 교회의 전도를 어떻게 평가하는가?
●

전도를 하려면 너무 조급해 하지 말고 최소한 2, 3년은 기다려야 한다. 전도는 교회 성장을 위한 것이라는 생각을 넘어서야 자연스럽게 부흥이 된다. 중요한 것은 교인들을 전도자로 훈련하는 것이다. 그러면 자연히 교회가 성장할 수밖에 없다. 자발적으로 전도할 수 있게 훈련을 하면 그것이 건강한 교회를 만드는 길이다. 많은 목회자들이 자료와 프로그램을 요청하거나 방법을 알려 달라고 하지만 그것은 단기간에는 효과가 있을지 몰라도 장기적으로는 큰 도움이 안 된다. 전도는 어떤 방법이든 다 좋다. 현재 우리 교회도 다양한 전도 방법이 섞인 것이다. 하다 보면 노하우가 쌓이고 교회의 특징이 담긴 전도가 생긴다. 중요한 것은 인내심을 가지고 꾸준히 계속하는 것이다.

앞으로의 비전과 계획은 무엇인가?
●

사랑의 교회 제자 훈련이 단계가 있듯이 제자 훈련과 현장을 접목하고자 한다. 교인들이 삶의 현장 속에서 자기의 메시지를 가지고 전도 축제도 할 수 있는 프로그램이나 책자를 만들어 전도를 체계적으로 훈련하는 것이 비전이다. 성경 공부는 강의실 안에서 끝나지만 전도는 현장이 있어야 한다. 그렇게 현장과 밀접한 이론이기에 그런 훈련을 만들고 싶다. 예수님께서 전도 축제를 시키고 했던 것처럼 전도에 관한 제자 훈련 코스를 만드는 것이 앞으로의 비전인 것이다. 지금도 그런 코스가 있긴 하지만 더 개발해야 한다. 그래서 모든 사람이 강력한 제자가 되었으면 한다. 아파트건 지하철이건 어디서나 전도할 수 있는 그것이 기교를 넘어 영성적인 훈련이 되도록 하고 싶다.

마지막으로 목회자 혹은 부교역자에게 하고 싶은 말이 있다면?

●

부교역자일지라도 담임 목사의 마인드를 가지고 일하기 바란다. 몇 년만 있다가 떠난다는 마음을 버리고, 다윗이 양을 치면서 전심을 다했을 때 하나님이 그의 충성을 보고 왕으로 선택했듯이 지금 선 자리에서 충성을 다했으면 좋겠다. 모두들 열심히 하겠지만 더욱더 열정을 가지라고 말하고 싶다. 담임 목사님이 월요일에는 나오지 말라고 하셔도 나는 나간다. 교인들이 월요일에 전도를 하는데 전도 담당 목사인 내가 쉴 수는 없다. 책도 많이 읽어야 하고 기도도 많이 해야 한다. 누가 시켜서가 아니라 열정을 가지고 스스로 할 수 있는 목회자가 되기를 응원한다.

Bonus
서평

Bonus_서평

Power! 전도 중심 교회

장성배 | 감리교신학대학교 교수, 선교학

한국 교회의 성장이 둔화되고, 사회를 향한 교회의 영향력이 사라져 가고 있는 이때 지역에 뿌리내리고 건강하게 성장하는 교회가 있다는 것은 교회를 사랑하는 사람들에게는 희망의 소식이다. 그런 면에서 『Power! 전도 중심 교회』라는 책은 기독교대한감리회 부광교회에 담임으로 부임하여 1년 만에 20% 이상 성장시킨 김상현 목사가 자신의 목회 철학과 전략을 기술한 책이기에 많은 사람들의 관심을 끌고 있다.

그러나 저자가 전도를 통해 교회를 성장시킨 사례는 비단 부광교회에 국한되지 않는다. 그는 처음으로 목회를 시작하고 농촌 교회에 부임해서도 그곳을 부흥시키고 교회를 새로 건축했다. 복음의 불모지인 부산에서 교회를 개척하여 1,300명이 넘도록 성장시켰으며, 익산에서도 건강한 성장을 이루었다. 이제 저자가 말하는 목회 철학과 전략의 핵심을 살펴보도록 하겠다.

Power! 전도 중심 교회

1부 교회 개척

저자의 목회적 사명은 한마디로 '건강하게 성장하는 교회'를 만드는 것이다. 그러므로 '말씀과 기도로 언약을 실현하는 교회', '말씀이 살아 있고 기도가 응답을 받으며 받은 은혜를 전도와 사랑으로 실천하는 교회'는 그가 가장 중요하게 여기는 표어가 되었다.

교회를 개척하는 사람들에게 그는 자신의 경험을 예로 들면서, 철저하게 준비할 것을 강조한다. 열정이나 기도는 기본이지만, 이론적 준비와 철저한 분석이 따르지 않으면 실패할 확률이 더 높다는 것이다. 먼저 목회자는 자신을 점검하고, 지역 사회 안에 대상 그룹을 정한 후 그들을 향한 전략적 비전을 갖추어야 한다. 이 기간에 목회자는 더욱 기도에 힘써야 하고, 자신의 분명한 목회 철학을 정립해야 하며, 행동 계획을 작성하고 발전시켜야 한다. 그 후에 중보 기도 팀을 조직하고, 경제적인 후원자를 모집하며, 자신을 지도하고 점검해 줄 관계자를 만들고, 기초 개척 팀을 활성화하며, 교회를 홍보하고, 지역 주민을 접촉해야 한다. 이 책에는 그 외에도 다양한 조언들이 가득하다. 특히 그가 부산에서 광안교회를 개척했을 때 성취했던 300명 부흥을 위한 전략은 교회를 개척하고 성장시켜야 하는 목회자들에게 좋은 조언이 될 것이다. 1부의 4장에서 저자는 '건강한 목회의 일곱 가지 원리'를 제안하는데, 이는 그의 목회 철학에서 가장 중요한 부분 중 하나라고 생각되기에 다음과 같이 소개한다.

첫째, 사명을 깨닫고 감당하라. 사명을 감당하는 삶을 살기로 결심하고, 허락하신 기간 동안 계속해서 사명의 길을 달려가야 한다. 둘째, 교회를 세우지 말고 하나님의 집을 채워라. 성전을 짓는 목사가 아니라 성전을 채우는 목사가 되어야 한다. 셋째, 영혼 구원에만 전념하라. 전도한 사람이 다른 교회를 갈지라도 기뻐하며 전도에 임해야 한다. 영적 전쟁에서 모든 교회는 하나님의 역사를 이룰 아군이다. 넷째, 목회는 마라톤이다. 하나님의 상급을 받는 종이 되려면 주님의 부르심을 받는 날까지 오직 복음 전하는 일에만 최선을 다해야 한다. 다섯째, 군대 교회를 만들어라. 분명한 사명을 가지고 일사분란하게 움직이며 생명을 걸고 사명을 감당하는 교회, 세상에 나가서 승리하는 교회를 만들어야 한다. 여섯째, 서비스하는 교회가 되어라. 목회자는 교인들을 섬기는 영적인 서비스맨이 되어야 한다. 일곱째, 선봉에 서는 교회를 만들어라. '복음 전도의 선봉, 사랑 실천의 선봉, 기도 응답의 선봉'에 서는 교회를 만들기 위해 성도들보다 앞장서서 달려가야 한다.

이 일곱 가지 원리는 교회가 하나님의 사명(mission)을 중심으로 움직여야 한다는 것을 강조한 것으로서, '교회 중심적 선교'(church-centered mission)가 아니라 '하나님 중심적 선교'(God-centered mission)가 되어야 함을 강조하고 있다. 교회 중심적 선교는 자신의 교회 성장에만 관심을 갖지만, 하나님 중심적 선교는 하나님 나라의 백성이 늘어나는 데에 관심한다. 이러한 '사명 중심적 교회'(mission-centered church)는 건강한 목회를 이룰 수 있다.

한편 저자는 하나님의 역사와 함께 인간이 기울여야 할 노력에 대해서도 강조하고 있다. 즉, 하나님께서 사람들에게 주신 이성이라는 선물을 올바르게 사용해서 더욱더 영적인 열매가 맺히도록 노력해야 한다는 것이다. 이것을 저자는 2장의 '사회 과학적 교회 성장 방안'에서 다루고 있다.

"사회 과학적인 교회 성장 방안이란 경영학적 마인드를 교회에 도입하는 것으로, 감이나 의지로 목회를 하는 것이 아니라 철저한 분석과 합리적 판단을 기초로 하여 교회의 방향을 설정하는 것이다."

이러한 접근 방법의 구체적인 내용으로 저자는 지역 분석, 지역 교회 분석, 교회의 성장 요인과 장애 요인 분석, 목회자 자신 분석, 이미지 포지셔닝 전략 수립 등을 소개한다.

2부 건강한 교회 성장

이 책의 2부는 '건강한 교회 성장'에 대해 다루고 있다. 21세기 목회의 화두는 '교회 성장'에서 '교회 건강'으로 이동해 가고 있다. 그러나 결과적으로 건강한 교회는 성장하게 된다. 그러므로 '건강한 교회 성장'은 매우 시기적절한 표현이라고 할 수 있다. 2부는 총 11장으로 구성되어 있는데, 특히 관심을 끄는 것은 2장의 '건강하게 성장하는 교회의 열 가지 표적'이다. 자연적 교회 성장(NCD)은 건강한 교회의 여덟 가지 요소를 들고 있는데, 저자는 열 가지의 표적을 제시하고 있다. 그 표적은 다음과 같다.

건강하게 성장하는 교회는 첫째, 전도 중심형 교회다. 둘째, 강력한 리더십을 가진 목회자가 있다. 셋째, 기도를 통해 성령의 인도하심을 받는 교회다. 넷째, 소그룹과 목장(구역) 조직이 활성화되는 교회다. 다섯째, 열정적인 성도가 있다. 여섯째, 새 가족 정착 시스템이 있다. 일곱째, 끊임없이 흥미와 감동을 주는 역동적 예배를 개발한다. 여덟째, 사랑 실천에 앞장선다. 아홉째, 확실한 목적의식이 있다. 열째, 조직이 단순하며 체계적이다. 우리는 여기서 저자가 '전도 중심형 교회'를 건강한 교회의 가장 중요한 표적으로 강조하고 있는 것을 볼 수 있다. 이는 교회의 존재 목적이 하나님 나라의 증인 공동체가 되는 것이라는 선교학적 관점과 일맥상통한다. 21세기의 한국 교회는 자체 조직의 유지에 관심하기보다는 하나님 나라의 증인이 되는 데 집중함으로써 건강하게 성장하는 교회가 되어야 한다.

그러한 의미에서 2부의 3장은 '교회 성장과 전도'에 대해 다루고 있다. 건강하게 성장하는 교회는 전도를 최우선 순위에 두는 전도 중심형 교회가 되어야 한다. 특히 최근에 문제가 되고 있는

> 저자는 '전도 중심형 교회'를 건강한 교회의 가장 중요한 표적으로 강조하고 있다. 21세기의 한국 교회는 자체 조직의 유지에 관심하기보다는 하나님 나라의 증인이 되는 데 집중함으로써 건강하게 성장하는 교회가 되어야 한다.

이동 성장에 의존하지 말고 회심 성장을 추구하는 교회가 되어야 한다. 이러한 전도를 위해 교회는 물심양면으로 최대한의 지원을 해야 한다. 홍보 방법의 다양성을 연구하고 지원하여 다양한 홍보 프로그램을 개발해야 하며, 새 가족을 철저하게 정착시킬 수 있도록 정착 프로그램을 완벽하게 갖추어야 한다. 또한 지역 사회를 철저하게 분석하고, 타깃 집단을 충분히 이해함으로써 그들의 핵심 필요(needs)에 응답할 수 있어야 한다.

5장에서 우리는 저자의 특이한 표현을 볼 수 있는데 이는 '집중 포화 전도 운동'이다. 이는 "교회 주변에 있는 모든 지역과 문화 공동체에 살고 있는 모든 사람들에게 복음을 전달하기 위해 모든 유용한 방법들을 이용하는 것을 의미"한다. 이를 위해서는 전도의 비전과 전략을 성도들과 함께 나누고, 복음을 집중 포화할 지역을 분석하고 시간 계획표와 필요한 재원을 확보하며, 복음을 집중 포화할 사역자들을 리스트로 작성한 후 다양한 방법으로 훈련해야 한다.

3부 교회 성장과 리더십

이 책의 3부는 '교회 성장과 리더십'에 대해 다룬다. 교회 성장과 리더십 사이에는 매우 밀접한 관계가 있다. 그러므로 지도자의 비전과 자세는 너무도 중요하다. 교회를 건강하게 성장시킬 수 있는

지도자는 말씀과 기도 생활 등을 통해 부단히 자신을 개발해야 하며, 삶으로 본을 보여야 하고, 더 많은 것을 배우기에 힘써야 한다.

또한 21세기는 군림하는 수직적인 리더십보다는 수평적이고 섬기는 리더십을 요청하고 있다. 그렇기 때문에 21세기형 목회자는 따르는 이들에게 '동기를 부여하는' 지도자가 되어야 한다. 즉, 멘토와 코치로서의 지도자가 필요한 것이다.

더 나아가서 동기를 부여하는 지도자는 다른 사역자들과 함께 팀 목회를 개발해 나간다. 팀 목회란 "각 목회자가 하나의 목표를 가지고 주님의 사역을 위해 자신의 분야를 발전시키며 서로 간에 조화를 이루는 것"이다. 이러한 팀 목회가 효과적으로 운영되기 위해서는 서로 신뢰하는 분위기를 유지해야 하며, 인력을 낭비하지 말고 전 교우를 팀 목회의 일원으로 훈련하고 영입해야 한다.

> 21세기형 목회자는 따르는 사람들에게 '동기를 부여하는' 지도자가 되어야 한다. 즉, 멘토와 코치로서의 지도자가 필요한 것이다.

4부 소그룹과 훈련

소그룹은 교회의 가장 기초적인 단위며 성도들 간의 친교, 훈련, 전도, 교회 성장을 위해 없어서는 안 될 중요한 조직이다. 최근에 유행하는 '두 날개로 비상하는 교회'라는 개념에서 볼 때도 소그룹은 전체가 드리는 예배와 함께 새의 한 날개를 구성하는 중요한 단위다. 이 소그룹을 운영하는 데 있어서 저자는 다음과 같은 몇 가지 지침들을 제시한다. 첫째, 소그룹의 목적이 복음 전도임을 분명히 하라. 둘째, 소그룹의 리더를 훈련하라. 셋째, 소그룹의 헌신을 다짐하는 프로그램을 만들어라. 넷째, 소그룹의 인도자가 하나님임을 분명히 하라. 다섯째, 소그룹의 역동성을 유지하라. 여섯째, 소그룹을 영육 간의 교제의 장으로 만들어라. 일곱째, 소그룹을 재생산하라. 그 외에도 저자는 '제자 훈련'과 '평신도 사역'을 위해서도 각각 한 장씩을 할애하고 있다.

그 외의 주제들

이 책의 5부는 '새 가족'에 대해서 다루고 있는데, 새 가족을 확보하는 것은 교회 성장에서 매우 중요한 문제다. 특히 새 가족이 교회 안에 안정적으로 정착하고 사역자로 양육되어 가는 시스템을 개발하는 것이 매우 시급하다.

6부는 '교회 성장과 설교'에 대해 다루고 있다.

"교회의 성장은 강단의 말씀으로부터 온다. 사람들이 교회를 찾아오는 첫 번째 이유는 설교 때문이다."

이 책은 '교회 성장형 설교를 개발하는 방법'과 '교회 성장을 위한 설교의 여덟 가지 특징'을 명확하고 알기 쉽게 설명하고 있다.

결론-다시 일어나야 한다

한국 교회가 침체기에 접어들었다는 말을 들으면서도, 우리는 한쪽에서 성장하는 교회들이 있음에 관심을 집중해야 한다. 그리고 그들을 벤치마킹해야 한다. 그렇다면 어떻게 해야 교회가 다시 부흥의 길을 걸어갈 수 있을까? 먼저 한국 교회는 부흥을 간절히 원해야 하고, 다시 복음을 전하는 교회가 되어야 하며, 구체적인 사랑을 베푸는 교회가 되어야 하고, 세대들에게 맞는 교회가 되어야 한다. 이 책은 전도 중심 교회로 만들기 위한 실제적인 조언들로 가득 차 있다. 게다가 그 조언들이 저자의 목회를 통해서 검증되었다는 것이 이 책을 더욱 무게 있게 만든다. 앞으로 이 책을 통해 많은 교회들이 전도 중심적인 교회로 거듭나고 이 땅에 부흥의 불길이 타오르게 되기를 기도한다.

부광교회의
2009년 전도를 말한다

- 김상현 목사 -

교회의 성장이 정체된 오늘날, 복음 전도라는 교회의 본질에 충실한 교회만이 이 위기를 극복할 수 있을 것이다. 부광교회는 성도들이 365일 쉬지 않고 전도하는 교회로 유명하다. 전 성도를 동력화하여 일꾼으로 세울 수 있었던 것은 김상현 담임 목사의 확고한 전도 중심 목회 철학이 있었기에 가능했다. 김 목사로부터 전도 중심 부광교회의 2009년 전도 방향을 들어 보았다.

전도 중심 교회의 전도 전략

항상 마음속에 같은 질문을 한다.

"바울이 이 시대에 한국에서 목회를 한다면 어떤 목회를 할까? 베드로라면 어떻게 할까?"

많은 목회자들이 한국 교회가 위기에 처했다고 말한다. 바울과 베드로라면 이러한 정체의 현실에서 어떤 목회로 위기를 극복할까? 그들이라면 교회의 본질인 복음 전도의 방법으로 풀었으리라 확신한다. 힘들고 어려웠던 초대 교회의 현실 속에서도 의연하게 복음의 현장의 선봉에 서서 복음을 부끄러워하지 아니하며 담대하게 증거했던 그들은 오늘도 동일하게 전도의 현장에서 위기를 기회로 삼아 뛰었을 것이다.

목회자로서 항상 마음에 두고 있는 자세가 있다면 가나안 진군에 앞장선 유다 지파처럼 복음 전도의 선봉에 서서 하나님의 약속하신 땅을 점령하겠다는 것이다. 이 땅에 그리스도의 푸른 계절이 오기까지 점령한 평지는 뒤로하고 남은 산지까지도 하나님의 나라로 바뀔 때까지 달려가고 싶은 마음이다. 교회의 방향을 전도 중심형으로 정하고, 전도를 목회의 최우선 순위로 삼아 뜨겁게 헌신하고 있는 부광교회의 목회 전략을 소개하겠다.

전도 전략 1 : 전 교인이 전도하는 교회로 만들어라

특별한 몇 사람이 전도하는 교회가 아니라 모든 성도들이 전도하는 교회로 만드는 것이 첫 번째 전략이다. 전도의 사명은 구원받은 모든 성도들에게 주어진 그리스도의 절대적인 명령이기 때문이다.

부광교회는 대그룹 전도(봄 : 전 교인 계란 전도, 가을 : 귤 전도)-중그룹 전도(부광 전도대)-소그룹 전도(지역 전도대) 시스템을 바탕으로 반복적으로 교인들이 전도에 임하도록 한다. 또한 교회의 모든 조직이 전도를 중심으로 움직이게 만든다. 다양한 전도대를 개발하여 자신의 적성에 맞는 전도를 하도록 돕는 것이다. 현재 104개의 전도대 중에는 길거리 전도대, 병원 전도대, 아파트 전도대, 카드 전도대, 데코레이션 전도대, 다문화 가정 전도대, 섬김 전도대 등 다양한 형태가 있으며 청년들은 새벽에, 주부들은 낮에, 남성들은 저녁에 전도 현장에 서도록 한다.

전도 전략 2 : 평신도 중심의 전도로 전환하라

부광교회에는 365일 날마다 교인이 붐비는 곳이 있다. 바로 전도 본부다. 이곳은 14명의 평신도 사역자가 매일 근무하며 전도의 전반적인 사역을 책임지고 모든 전도대의 활동을 지원하는 곳이다.

전도 본부가 교회와 목회자에게 필요한 이유는 목회자 중심의 전도에는 한계가 있기 때문이다. 목회자는 전도의 선봉에도 나서야 하지만 그 외에도 설교, 심방, 상담 등 여러 가지 사역이 존재한다. 따라서 매일 전도대를 점검하며 전도 현장으로 나가기에는 어려움이 있다. 그렇기 때문에 목회자를 돕는 평신도들이 주관하는 전도 본부가 필요하다. 전도 본부가 생긴 후 목회자들은 심방 사역 및 돌봄 사역에 집중할 수 있었고 평신도는 전도 사역에 능동적으로 참여하게 되었다.

전도 전략 3 : 전도 제자 훈련으로 전도 제자를 만들어라

개교회마다 제자 훈련을 위한 성경 공부가 있다. 그러나 성경 공부만으로는 강력한 전도자를 만들 수 없다. 부광교회에는 교인들뿐만 아니라 타 교인도 참여하는 전도 제자 학교가 있다. 이 학교는 매회마다 소수(10~12명)의 인원을 강력한 전도자로 변화시키는 실습 중심의 집중 훈련 과정을 8주 동안 완성한다. 10기까지 진행된 전도 제자 학교는 100여 명이 넘는 교인들이 수료하며 강력한 전도자로 완전히 바뀌는 기회가 되었다.

전도 제자 학교의 첫 번째 특징은 교회에 맞게 토착화했다는 것이다. 교회의 주요 동력인 40~60대 여성 성도들이 어렵지 않도록 쉽게 만들었으며, 전도 메시지는 암기를 하는 것이 아니라 자연스럽게 체질화될 수 있도록 훈련하고 있다. 두 번째 특징은 이론보다는 실습 중심의 훈련이라는 점이다. 거리 전도는 물론 지하철 전도 및 강도 높은 전도 실습으로 실질적인 훈련의 장을 마련했다.

전도 전략 4 : 전도 축제를 영혼 구원과 전도 훈련의 기간으로 삼아라

부광교회는 전도 축제를 지속적인 전도 훈련의 기간으로 삼고 있다. 필자가 부임한 이후 2004년 70일 전도 축제(5월 2일~7월 11

일)를 시작으로 현재(2008년 9월 28일~12월 7일) '원 플러스(One Plus) 가을 전도 축제'까지 지속적으로 진행되고 있다. 부광 전도 축제는 전도가 일시적인 행사로 끝나는 것을 막고 장기적인 훈련 기간의 역할을 하게 된다. 부광교회는 전도 축제 기간인 70일 동안 매일매일 목장(감리교의 속회)을 중심으로 구성된 지역 전도대를 파송하여 아파트에서, 거리에서 전도함으로써 교인들을 자연스럽게 훈련한다. 교인들은 아파트 전도와 거리 전도를 통해 전도 습관뿐만 아니라 자신감도 갖게 된다. 부광교회는 365일 전도를 하지만 1년을 4주기로 정해 진행 정도를 조절하며 전도 주체를 연령별에서 지역별로, 지역별에서 다시 연령별로 조정, 전환함으로써 긴장을 늦추지 않되 성도들이 탈진하지 않도록 돕는다.

이러한 부광 전도 축제의 특징은 다음과 같다. 첫째, 70일간의 전도 체질화 훈련으로 교인들이 관계 전도와 현장 전도(거점 전도 및 아파트 전도)를 함께 병행한다. 이는 기존의 전도 축제가 일회성 행사로 끝날 수 있다는 단점을 보완해 준다.

둘째, 새 가족 관리에 효과적이다. 총동원 전도는 한꺼번에 많은 사람들이 등록하기에 새 가족을 정착시키는 데 어려움이 있다. 그러나 부광교회는 거리 전도와 관계 전도를 통해서 매주 20~40명이 등록하기 때문에 새 가족 관리에 큰 어려움이 없다.

셋째, 일반적으로 타 교회에서 진행되는 총동원 주일과 같이 하루에 집중하는 방식을 지양하고 매주 교인들의 상황에 맞게 대상을 정하여 초청하는 방식이다. 교인들은 70일 동안 축제에 맞추어 초청 대상을 정하고 기도하며 초청 예배를 드리기 때문에 교인들의 상황과 환경이 모두 고려된다.

넷째, 전도 체질화 훈련이 중심이므로 교회의 규모에 상관없이 적용이 가능하다. 즉, 소형, 중형, 농어촌 등 모든 교회가 상황에 맞게 적용할 수 있는 방법이다.

다섯째, 행사가 아니라 전도 훈련 중심으로 진행하기 때문에 비용이 절감된다.

전도 전략 5 : 전도자를 신바람 나게 하라

부광교회의 또 하나의 전도의 특징은 달란트 전도 축제다. 이 축제는 보통 교회 학교에서 진행하는 달란트 시장을 모방한 것으로서 전도 축제가 끝나는 시점으로 2006년부터 매년 2회씩 주일 저녁 예배 후에 진행하고 있다.

부광교회는 전도의 결과에 상관없이 전도에 참여한 사람에게 1달란트를 제공함으로써 모든 성도들이 축제에 참여하도록 격려한다. 전도의 결과보다는 전도 행위 자체를 귀하게 여기는 것이다. 대부분의 교회가 연말에 전도를 많이 한 사람을 칭찬하거나 시상한다. 그러나 결과만을 놓고 칭찬하면 항상 같은 사람이 상을 받게 되므로 전체적인 열기는 점점 식어 간다. 그러나 전도를 향한 노력 자체를 칭찬하면 그 열기는 해가 갈수록 더욱 뜨거워진다. 교회는 전도의 결과를 시상하기보다는 과정을 격려해야 한다.

전도 전략 6 : 전도는 쉽고, 실패가 없음을 알게 하라

교인들이 전도는 어렵다는 고정 관념에서 벗어나게 해야 한다. '일단 시도해 보면 생각보다 쉽다.'라는 것을 알게 하기 위해 부광교회는 매년 부활절이면 성도들에게 10만 개에 달하는 부활란을 거리에서 나누어 주게 한다. 계란을 나누어 주지 못할 성도는 아무도 없으며, 사람들이 부활란을 받는 것을 보면서 길에 나가 전도지를 나누는 것도 결코 어려운 일이 아님을 느끼게 된다. 이처럼 '전도는 쉽다'라는 여러 가지 전략을 실천한 결과 지난 4년 6개월 동안 지속적인 성장을 이룰 수 있었다.

또한 전도에는 실패가 없음을 인식시켜야 한다. 교인들의 의식 속에는 실패에 대한 두려움이 많다. 그러므로 교회는 성도들이 그러한 두려움을 갖지 않도록 도와야 한다. 부광교회 교인들은 전도에는 실패가 없다고 여기며 전도를 한다. 농사란 추수를 해야 성공하는 것이지만, 씨를 뿌린 뒤에 즉시 열매를 거두는 것이 아니라 때가 되면 거두는 것이다. 따라서 당장 전도의 결실이 없다 하더라도 오늘은 씨를 뿌렸다, 오늘은 물을 주었다고 생각하면서 추수의 때를 기다리며 전도하다 보면 실패에 대한 두려움 없이 지속적인 열심을 가질 수 있다.

전도 체질화 후의 성과

2004년 부광교회 전도대는 43개로 출발했다. 그리고 현재 104개의 전도대가 부평 지역에 나가 복음을 전하고 있다. 필자는 300개의 전도대와 300명의 전도대장을 위해 기도하고 있다. 전도 체질화가 이루어지기 전 부광교회에 전도되어 오는 사람들은 한 해 평균 150~200명 정도였다. 그러나 2004년 봄부터 전도대를 통해 전도 체질화가 이루어지면서 전도 대상자 수가 1,500명으로 열 배나 증가했고, 2006년에는 청장년만 해도 1,600명이 넘게 전도되어 등록했다. 2008년 4월에는 3,100명이 출석했는데, 이는 2004년 전도 체질화 이후 장년 출석 인원이 1,500명 이상 늘어난 것이다. 교회가 전도 중심으로 돌아가면서 출석 인원뿐만 아니라 교회를 찾는 교인들도 매일매일 늘어나 활기를 띠게 되었으며, 전도를 통해 교인들이 기도하기 시작하면서 영적 성숙에도 큰 도움이 되고 있다.

2009년 부광교회의 전도 방향

전도 방향 1 : 전도 영성 시스템 강화

2009년부터는 전도 시스템과 전도 영성 시스템을 강화하고자 한다. 먼저 전도 시스템 강화를 위해 7개 교구별로 전도 본부를 만들어 첫걸음을 시작했다.

교구별 전도 본부를 통해 다음과 같은 효과가 기대된다. 첫째, 전도가 더욱더 세분화될 것이다. 기존의 전도 본부는 통합적으로 전체적인 계획을 세워 운영하기 때문에 전도대가 점차 확대되면서 세밀하게 관리하기가 어려워졌다. 그래서 부광 전도대는 전도 본부에서 관리하고 교구별 전도 본부에서는 지역 전도대를 점검하며 참여를 권면하게 되자 참여 호응도가 높아졌다. 또한 교구 전도 본부를 통해 목장과 그에 속한 목원들, 즉 하부 세포 조직까지 영향을 미칠 수 있게 되었다. 이로써 평신도 중심 전도가 더욱 강화될 것으로 전망된다.

둘째, 전도 시스템과 더불어 전도의 영성이 강화될 것이다. 하나님 아버지 마음을 가지고 전도해야 좋은 전도자가 될 수 있다. 전도의 영성을 가지려면 영성 시스템과 전도 훈련 시스템을 함께 강화해야 한다. 이러한 이유로 2009년 가을 전도 축제부터는 전도의 영성 시스템과 전도 조직 강화를 위해 축제 기간 동안 교구별 전도 본부를 신설하여 운영하고자 하는 것이다. 또한 24시간 목장별 중보 기도, 목장별 금식 기도, 교구별 성극 발표 등을 통해 전도 영성 시스템을 강화하는 기간으로 삼고자 한다.

전도 방향 2 : 전 교인을 강력한 전도자로 전환

한국 교회의 현실에 맞는 개교회를 위한 맞춤 전도 제자 훈련이 필요하다. 특히 개교회 전도의 주 동력층인 35~65세 여성 성도를 위한 맞춤 훈련이 필요하다. 그러기 위해서는 교재를 더 개발하고 현장 실습도 짜임새 있게 구성하는 작업을 진행해야 한다. 또한 전도 학교의 수료자들이 전도자의 삶을 변함없이 지속할 수 있도록 '영적 군사의 단계'를 2008년 겨울부터 신설해 돕고 있다.

전도 방향 3 : 사회봉사를 통한 지역 전도 확대

2004년 필자가 부임하면서 매주 개인 구원뿐만 아니라 봉사를 통한 지역 사회 전도도 하고 있다. 이를 위해 첫째로 '행복한 사람들'이라는 사회 복지 사단법인을 설립했다. 이를 통해 소외된 사람들을 위한 도시락 배달, 무료 급식, 목욕 봉사, 쪽방 봉사, 재활 의료 등의 봉사 활동으로 지역 사회를 섬기고 있다.

둘째로 노령화 시대를 대비해 부광노인대학을 열었다. 현재 매주 화요일마다 1,300명 이상의 노인들이 참석하여 즐거운 시간을 보내고 있다.

셋째로 부광자원봉사캠프를 설치했다. 이는 부광교회의 자원봉사 인력을 효과적으로 운용하기 위한 것으로, '2009 인천세계도시축전'과 '2014 인천아시안게임' 등 대규모 국제 행사를 성공적으로 이끌기 위해 시민 참여 및 자원봉사자 역할의 중요성을 인식하고 인천시의 협력 요구에 부응하며 시민 의식을 고취하는 데 목적이 있다. 나아가 선교적인 차원에서 기존의 사회봉사부, 행복한 사람들, 부광노인대학 등의 봉사 단체와 유기적인 협력 체제를 맺고 있는 자원봉사 활동 단체다. 올해부터는 다문화 센터의 설립 및 확대를 중점적으로 추진하고자 한다. 부광자원봉사캠프는 첫 번째 사업으로 부평다문화가족지원센터를 운영하고 있다. 본 센터는 부평 지역에 거주하고 있는 다문화 가정의 외국인들이 겪는 고충과 문제점들을 찾아내 도움을 주고자 사역에 임하고 있다.

전도하는 교회를 꿈꾸는 목회자들에게

전도하는 교회를 이루려면 무엇보다도 목회자가 현장에 서야 한다. 성도들을 전도의 현장으로 보내기만 하는 지휘관이 아니라 영적 전쟁의 현장에서 성도를 이끌고 나가는 선도자가 되어야 한다. 한 영혼을 소중히 여기는 뜨거운 마음을 가져야 한다. 한 영혼을 구하는 기쁨을 맛보아야 한다. 목회자가 먼저 생각하는 전도가 아니라 행동하는 전도를 할 때 교회는 역동적으로 움직이게 된다. 모든 목회자가 1년에 한 번만 거리에 나가서 전도를 해도 한국 교회에는 새로운 바람이 일어날 것을 확신한다. 초대 교회의 사도와 성도들처럼 교회의 본질을 회복하는 일은 목회자에게 달려 있기 때문이다.

둘째로 전략적으로 전도를 실시해야 한다. 목회자는 열정과 함께 전략을 가지고 성도를 이끌 수 있어야 한다. 무모한 용기와 도전은 처절한 실패를 가져온다. 그러므로 최소의 투자로 최대의 효과를 볼 수 있는 전략으로 교회를 이끌 때 많은 성도들이 전도에 동참하며 또한 전도의 결실의 기쁨을 함께 누리게 된다. 해당 지역과 대상을 잘 분석하여 그에 맞는 전도를 개발하는 것은 전적으로 목회자에게 주어진 사명이다.

셋째로 목자의 기질이 아닌 어부의 기질을 가져야 한다. 예수님께서 어부를 제자로 선택하신 것은 그들의 어부 기질 때문이었다. 사람은 직업에 따라서 기질이 달라지는데, 어부로 산 사람과 목자로 산 사람의 기질은 전혀 다르다. 목자는 자신의 양과 다른 사람의 양이 분명하게 구별되어 있어 울타리 안에 있는 자신의 양만 돌보면 된다. 가끔 자신의 양이 우리를 떠나 길을 잃으면 그 양만 찾아오면 되고, 밤이 되면 양을 우리에 넣고 자신도 휴식을 취하게 된다.

그러나 어부는 다르다. 어부에게는 자신의 고기라는 것은 애초부터 없었다. 그렇다고 고기가 없는 것이 아니라 바다에 나가면 어디나 고기가 널려 있었다. 나가서 그물을 던지는 자가 고기를 얻게 되는 것이다. 어부들은 빈 배를 타고 나가지만 거기에는 만선의 꿈이 있다. 날마다 무한한 가능성을 믿으며 창조적이고 도전적인 자세로 나아간다. 오늘은 거두지 못했어도 내일은 반드시 거둘 수 있으리라는 믿음을 가지고 다시 그물을 씻고 미래를 준비한다.

오늘 이 시대에 필요한 목회자의 기질은 목자가 아닌 바로 이 어부의 기질이다. 목자의 기질로는 도전적이고 창조적인 역사를 이룰 수 없다. 베드로와 같은 어부의 기질을 지닌 사람만이 초대 교회를 만들 수 있었다.

오늘을 사는 목회자들은 어떠한 기질을 가지고 살아가는가? 성년이 된 한국 교회의 진정한 문제는 무엇인가? 성장기가 끝나 어부의 기질을 잃고 목자의 기질로 바뀌어 가고 있지는 않은가? 21세기는 관리 유지형 목자의 기질을 가진 사람이 아니라 위험을 감수하더라도 큰 바다로 나가는 도전적인 어부의 기질을 가진 사람이 필요한 시대다. 예수님은 오늘날 우리가 사람을 낚는 어부가 되기를 원하신다. 그 같은 기질을 가지고 새로운 방향을 향해 세상으로 나아가 영혼을 건지는 자들이 되기를 원하신다.

우리 교회에 적용하기

1 전 교인이 전도하는 교회로 만든다. 전도의 사명은 그리스도의 절대명령이기 때문이다.

2 평신도 중심의 전도로 전환한다. 목회자 중심의 전도에는 한계가 있다. 따라서 평신도들이 주관하는 전도 본부가 필요하다.

3 맞춤 훈련으로 전도 제자를 만든다. 교회의 주요 동력 성도를 파악하고 그들을 위한 맞춤 훈련을 실시하면 더 좋은 효과를 거둘 수 있다.

4 전도 축제를 영혼 구원과 전도 훈련의 기간으로 삼는다. 전도 축제가 일시적인 행사로 그치지 않고 장기적인 훈련 기간이 될 수 있도록 교인들을 독려하는 것이 필요하다.

5 전도자를 신바람 나게 한다. 전도의 결과에 상관없이 전도에 참여한 사람을 격려함으로써 모든 성도들이 전도 축제에 참여하게 한다.

6 전도는 쉽고, 실패가 없음을 알게 한다. 교인들이 전도는 어렵다는 고정관념에서 벗어나게 해야 한다.

교회성장연구소 전도 Collection
365일 전도 체질 부광교회

초판 1쇄 발행 2009년 05월 18일
초판 8쇄 발행 2019년 01월 24일

엮은이 교회성장연구소 편집부
펴낸곳 교회성장연구소
발행인 이영훈
편집장 이봉연
기획 · 편집 최진영, 김창범
교정 교열 박부연
디자인 디자인 모아

등 록 제12-177호
주 소 서울시 영등포구 여의공원로 101 CCMM B/D 703B호
전 화 02-2036-7928
팩 스 02-2036-7910
쇼핑몰 www.icgbooks.net
홈페이지 www.pastor21.net
페이스북 www.facebook.com/pastor21

ISBN 978-89-8304-139-5 03230

※값은 뒤표지에 있습니다.
※잘못된 책은 구입하신 서점에서 교환해 드립니다.
※이 책 내용의 일부를 사용하려면 반드시 저작권자와 교회성장연구소 양측의 서면동의를 받아야 합니다.

"무슨 일을 하든지 마음을 다하여 주께 하듯 하라" (골 3:23)
교회성장연구소는 한국 모든 교회가 건강한 교회성장을 이루어 하나님 나라에 영광을 돌리는 일꾼으로 성장하는 것을 목표로, 목회자의 사역은 물론 성도들의 영적 성장을 도울 수 있는 필독서들을 출간하고 있다. 주를 섬기는 사명감을 바탕으로 모든 사역의 시작과 끝을 기도로 임하며 사람 중심이 아닌 하나님 중심으로 경영한다. "무슨 일을 하든지 마음을 다하여 주께 하듯 하라"는 말씀을 늘 마음에 새겨 하나님이 주신 사명을 기쁨으로 감당한다.